¡BIENVENIDA A LOS PAÍSES BAJOS!

Zwolle.

Quien diga que un viaje a los Países Bajos es aburrido, es cualquier cosa menos aventurero. Este llano país de pólderes, con sus vastos prados verdes donde pastan rollizas vacas, intercalados con canales y salpicados aquí y allá de molinos, es una tierra de lucha. Ya las tribus bátavas se esforzaron en hacer retroceder el mar para ampliar su territorio. La tierra de Zelanda, azotada por las inundaciones de 1953, es testigo de esta lucha histórica. Desde Maastricht en el sur, pasando por Delft, hasta Groninga en el norte, sus bellas ciudades, de arquitectura variada, tienen muchas caras. La bella Maastricht, la fortificada Breda, la antigua Nimega, la desconcertante y dinámica Róterdam y, sobre todo, la hechizante Ámsterdam, combinan, al igual que todo el país, tradición y modernidad. De este a oeste, de norte a sur, el viajero nunca se aburrirá y recordará la campiña de ensueño de la provincia de Güeldres, las penínsulas de Zelanda, donde cielo, tierra y mar se funden en torno a la soberbia ciudad histórica de Midelburgo, los encantadores valles de Limburgo, las inmensas extensiones llanas de Frisia salpicadas de turberas, estanques y pantanos... En cuanto a Ámsterdam, es imposible no caer rendido ante el encanto de esta capital construida sobre el agua. Pero de esta ciudad caprichosa, un día ahogada por la llovizna o empapada por el rocío y al día siguiente resplandeciente bajo el sol, de sus numerosos barrios, a veces tan nobles y elegantes, a veces populares o *de moda*, recordarás sobre todo que sus habitantes tienen todos la vista puesta en el mar y en el horizonte mientras recorren las calles de la ciudad en sus hermosas bicicletas.

AF276490

ÍNDICE

© AUTHOR'S IMAGE

Vista de Prinsengracht y los tejados de Ámsterdam.

GRATIS ESTA GUÍA EN FORMATO DIGITAL
Código de descarga en la página 101

PAÍSES BAJOS

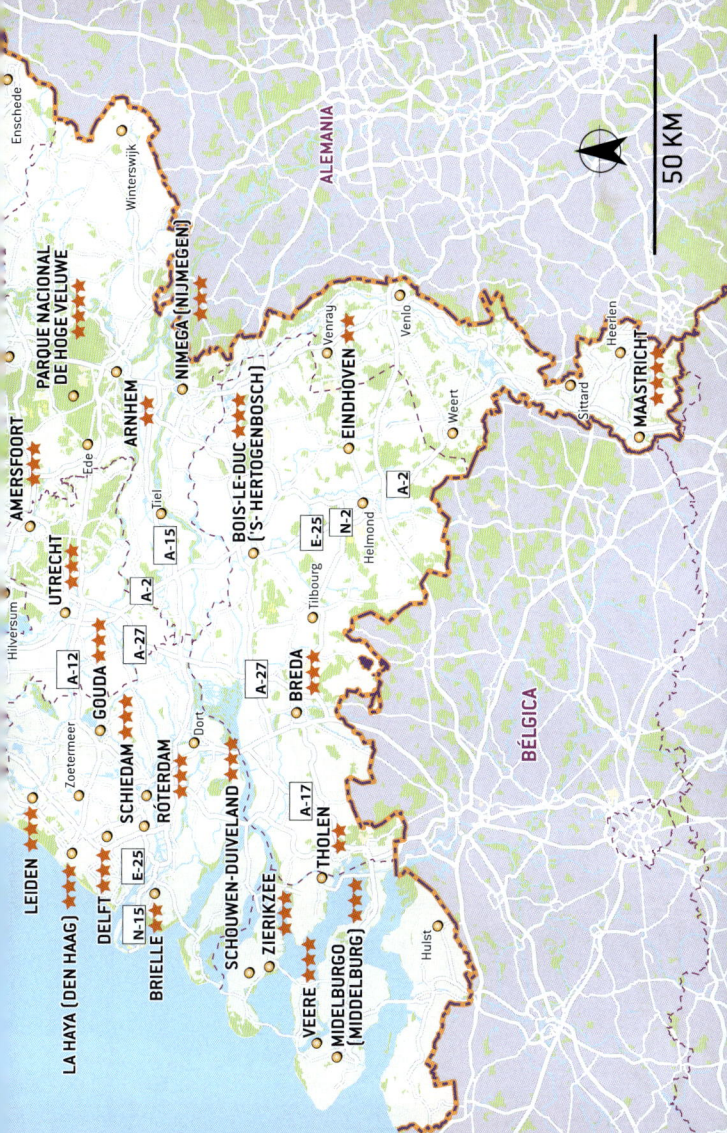

Molinos de viento.

DESCUBRE

LO MÁS DESTACADO DE LOS PAÍSES BAJOS

Un cambio de escenario radical a pocas horas en tren

A pocas horas de viaje desde España, las doce provincias de los Países Bajos ofrecen un radical cambio de escenario. El viajero quedará encantado con sus románticas ciudades, como la mítica Delft y la belleza de los reflejos cambiantes sobre el agua de sus canales. Cada provincia tiene una fuerte identidad y la diversidad de paisajes es sorprendente. Ámsterdam, considerada una de las ciudades más coloridas de Europa, es un mosaico de fachadas vistosas, letreros relucientes y coloridos mercados con fragantes flores. A lo largo de los canales de Holanda, Frisia y Zelanda, siglos de historia rezuman aún en la piedra de los palacios. Otra fuente de sorpresa en este país es la increíble capacidad de unir lo antiguo y lo nuevo. Así, la arquitectura de la Edad de Oro neerlandesa se entremezcla con las creaciones más innovadoras de los grandes arquitectos contemporáneos. Son contrastes asombrosos y fascinantes que deben apreciarse plenamente, por ejemplo, sentándose en el mostrador de un bar ultramoderno mientras se saborea un vaso de ginebra, el alcohol nacional destilado según un conocimiento heredado del siglo XVII.

Cultura internacional

La cultura de este país es muy rica, y aún hoy sigue brillando gracias al justo equilibrio entre la herencia de la tradición

Utrecht.

© SANDRA MORI; SHUTTERSTOCK.COM

DESCUBRE

Ámsterdam.

y las influencias de sus numerosas antiguas colonias. Los neerlandeses son grandes viajeros e, influidos por sus viajes, suelen ser curiosos y abiertos al resto del mundo. Aunque no hablen tu idioma (el español se enseña en algunas escuelas y universidades desde 2007), siempre estarán encantados de ayudarte en tu viaje, en cualquier lengua que conozcan.

Un destino fácil

Sin duda, los Países Bajos gozan de un entorno muy distinto al de España, pero nunca te sentirás realmente perdido. Las infraestructuras son muy buenas y las ciudades muy compactas y de fácil acceso para los turistas. Las oficinas de turismo están siempre en el centro, cerca de las estaciones. Después, solo tienes que perderte y descubrir la ciudad a tu ritmo. Cuando se trata de Ámsterdam, lo mejor es preparar bien el viaje (reservar un hotel antes de salir, por ejemplo)

y luego dejarse llevar por la ciudad y sus atractivos. Y no lo olvides: a los neerlandeses les encanta hablar inglés y generalmente estarán encantados de conocerte o de ofrecerte información.

Opciones de viaje para todas las edades

El país puede vivirse a muchas velocidades y en muchos niveles. Para los jóvenes, abundan los albergues juveniles y los cafés de moda en Ámsterdam y Róterdam. Sus estudiantes contribuyen a suscitar nuevas ideas y dan mucha vida a estas ciudades. Para los visitantes que buscan comodidad y tranquilidad, hay muchos hoteles donde elegir. La vida cultural del país es muy rica, con museos, galerías, teatros y ópera que ofrecen programas variados y de gran calidad, a la vanguardia de lo mejor de Europa. Una visita a los Países Bajos te permitirá sumergirte en un rico y fascinante patrimonio cultural e histórico.

FICHA TÉCNICA

País

▶ **Nombre oficial:** Reino de los Países Bajos (Nederlands).

▶ **Capital:** Ámsterdam.

▶ **Superficie:** 33 670 km².

▶ **Idiomas:** neerlandés, frisio (solo se habla en Frisia).

Población

▶ **Población:** 18,35 millones (2025).

▶ **Densidad:** 545 habitantes/km².

▶ **Esperanza de vida:** 80,5 años para los hombres y 83,4 años para las mujeres.

▶ **Religiones:** católica (18 %), protestante (13 %), musulmana (6 %), otras religiones (6 %), sin afiliación religiosa (55 %).

Economía

▶ **Moneda:** euro.

▶ **PIB:** 1122 billones de euros (2024).

▶ **PIB per cápita:** 63 000 euros (2024).

▶ **Tasa de desempleo:** 3,8 % (noviembre de 2025).

▶ **Tasa de inflación:** 3,3 % (noviembre de 2025).

▶ **Tasa de crecimiento:** 1,3 % (noviembre de 2025).

Islas Frisias.

DESCUBRE

BANDERA DE LOS PAÍSES BAJOS

Es una de las banderas nacionales más antiguas en vigor. Se remonta al reinado de Guillermo I (Willem van Oranje), príncipe de Orange-Nassau en la segunda mitad del siglo XVI, cuando las provincias neerlandesas se rebelaron contra España. Se basa en los tres colores dinásticos de Guillermo I y consta de tres franjas horizontales iguales: roja, blanca y  azul. La bandera, conocida, como *prinsenvlag* (estandarte del príncipe), era originalmente naranja, blanca y azul, pero la franja naranja se sustituyó por la roja.

Dos fueron las razones principales para este cambio: en primer lugar, el color naranja es difícil de distinguir en el mar y se desvanece con facilidad, pero, sobre todo, se debe al deseo popular de rechazar el poder autocrático de los príncipes de Orange. Otra versión dice que, tras la conquista del país por Francia, se prohibió el naranja para que los colores de la bandera fueran los mismos que los de la bandera gala. En cualquier caso, la bandera no ha cambiado desde 1796, salvo el tono del azul.

Por otra parte, la mayoría de los equipos deportivos nacionales visten de naranja. Empezando por el más famoso de todos, la selección holandesa de fútbol, conocida como «la Oranje» o la Naranja Mecánica.

Huso horario

No hay diferencia horaria entre España y los Países Bajos.

Clima

El tiempo puede cambiar muy rápidamente. En general, los Países Bajos tienen un clima oceánico templado, propenso a fuertes vientos y a chubascos cortos e impredecibles. Hay meses de julio lluviosos y en los que la temperatura no supera los 20 °C, pero con el cielo despejado se puede llegar fácilmente a los 25 °C y, como en cualquier ciudad del sur, la gente anda en manga corta. Así que lleva siempre ropa de abrigo y un buen impermeable. En invierno, las temperaturas oscilan entre -1 °C y 5 °C de media.

IDENTIFIQUE LAS MEJORES VISITAS

⭐ INTERESANTE ⭐⭐ NOTABLE ⭐⭐⭐ IMPERDIBLE ⭐⭐⭐⭐ INOLVIDABLE

PAÍSES BAJOS EN 10 PALABRAS

Borrel

El *borrel* era originariamente un vaso de licor de enebro. Actualmente se refiere a un chupito, una pequeña bebida que los neerlandeses toman después del trabajo para celebrar cualquier cosa: un empleo nuevo, la jubilación, el fin de semana, el comienzo de semana, irse de vacaciones, volver de vacaciones, un cumpleaños… lo que sea. Al final del día, si ves a un grupo de lugareños trajeados alineados en las aceras o en la terraza de un café, sabrás que se trata del tradicional *borrel*. Solo tienes que unirte a la fiesta.

Coffee shop

Esta palabra es fuente de malentendidos entre locales y turistas. Para muchos visitantes es símbolo de libertad y, para otros, del pragmatismo de los Países Bajos frente a las drogas blandas. O también la encarnación del «narcoestado», como dijo un ex presidente francés amante de la beatitud.

Flores

Los tulipanes constituyen una de las imágenes más populares de los Países Bajos. Pero no son, ni mucho menos, la única flor que se cultiva en el país, ya que también abundan las rosas, las dalias, los crisantemos, los rododendros, etc. Una de las características más bellas de este país es que sus *hofjes* y *beguinages*, una especie de jardines secretos rodeados de antiguas viviendas sociales (hospicios, etc.), se muestran en plena floración en primavera, lo que aumenta

Ramilletes de tulipanes.

el atractivo fotogénico de estos lugares. Los Países Bajos también son famosos por sus innumerables jardines y parques, donde las flores y las plantas forman un generoso telón de fondo en primavera. Hay más de cien jardines botánicos en el país, empezando por los de Leiden (el primero, creado en el siglo XVI y que no debes perderte en una visita a esta ciudad) y Ámsterdam (Hortus, con más de 6000 especies de plantas traídas de los trópicos por los marineros holandeses, y la Vrije Universiteit, con su notable colección de bonsáis y plantas carnívoras).

Para los amantes de las flores, la primavera es aquí una estación bendita, sobre todo en la segunda quincena de mayo, cuando los tulipanes estallan en multitud de colores. En Keukenhof, el mayor vivero del mundo, los fotógrafos en busca de color descubrirán campos de flores hasta donde alcanza la vista.

Gezellig

Se pronuncia [rezélir]. Si tuvieras que aprender una sola palabra en neerlandés, ¡sería esta! Sin un equivalente exacto en español, *gezellig* se refiere al calor de una fiesta exitosa, de un lugar. Una fiesta agradable y animada también diríamos que es *gezellig*. Es una palabra fundamental en neerlandés, y si la oyes, ¡es buena señal!

Homosexualidad

Fieles a su proverbial tradición de tolerancia, los neerlandeses aceptan a todas las minorías en su singularidad. La homosexualidad está legalmente reconocida aquí desde principios del siglo XIX, una prueba más, si es que hacía

falta alguna, del espíritu de apertura que reina en este país desde hace siglos.

Molinos

Los molinos siempre serán un símbolo del campo neerlandés y aún pueden encontrarse también en las ciudades. Se utilizaban, entre otras cosas, para drenar el agua y moler el maíz. Junto con los canales, el molino ha formado aquí parte del paisaje desde la Edad Media. Sin embargo, estas encantadoras estructuras se vieron superadas por la Revolución Industrial en el siglo XIX, cuando se desarrollaron técnicas más modernas de drenaje del agua. Hoy quedan unos 1200. La mayoría se encuentran en Kinderdijk, en Holanda Meridional, que es uno de los destinos turísticos más populares. La Unesco ha catalogado diecinueve de estos molinos históricos como Patrimonio de la Humanidad.

Museos

Ámsterdam alberga magníficos museos repletos de tesoros. Entre ellos destacan el Museo Van Gogh, el Rijksmuseum y el Stedelijk, sin olvidar la Casa de Ana Frank. No te pierdas el fabuloso Depot de Róterdam, así como el Kröller-Müller de Veluwe, el Museo Bonnefanten de Maastricht y el Museo Groninger de Groninga.

Naranja

El naranja es el color nacional de los Países Bajos y simboliza tanto el orgullo como la unidad del país. Es un homenaje a la dinastía real, una de cuyas figuras emblemáticas es Guillermo de Orange. Este monarca fue especialmente célebre por su papel crucial en la lucha por la independencia de los Países Bajos, en el siglo XVI, ante el Reino de España.

Rey

Desde 2013, el rey de los Países Bajos es Guillermo Alejandro, que sucedió en el trono a su madre Beatriz, convertida de nuevo en princesa tras 33 años de reinado. Incluso ante ciertas dificultades y escándalos, la familia real siempre sale adelante (¿regiamente?), y los neerlandeses le tienen apego. No intentes sacar el debate entre monarquía y república, pues para ellos es totalmente irrelevante.

Bicicleta

En los Países Bajos, y especialmente en Ámsterdam, la bicicleta es la reina. Cuenta la leyenda que en este país hay incluso más bicicletas que habitantes. Es el medio de transporte preferido para las distancias cortas (hasta 40 minutos). Hay que decir que el terreno se presta notablemente al ciclismo, y todo el país cuenta con una muy buena red de carriles bici. En las zonas urbanizadas, las bicicletas tienen incluso prioridad sobre los coches, que se detienen para dejarlas pasar (pero, cuidado: los tranvías tienen prioridad absoluta). Desde la década de 1980, la ciudad de Ámsterdam ha ido tomando medidas draconianas contra la contaminación de los coches (atascos, aparcamiento...), lo que ha aumentado la popularidad de la bicicleta. No obstante, te advertimos de que al principio te costará distinguir los carriles bici de las aceras, y a menudo te llamará al orden con un timbre.

Las bicicletas que utilizan son las famosas holandesas, muy bellas y nobles, con su cuadro generalmente negro y su manillar bastante alto. En estas máquinas, el frenado suele hacerse a contrapedal (pronto se le coge el truco). Como estas bicicletas son bastante pesadas, se puede soltar fácilmente el manillar para sujetar una bolsa o... un paraguas. Otras ciudades del país reivindican el título de «capital del ciclismo», como Groninga y Eindhoven.

© GEORGECLERK – ISTOCKPHOTO.COM

Ámsterdam.

PINCELADAS SOBRE LOS PAÍSES BAJOS

Con una superficie de 33 670 km² y una población de poco más de dieciocho millones de habitantes (18 044 027 a principios de 2025), los Países Bajos son un país pequeño. El Reino de los Países Bajos comprende los Países Bajos en Europa y las islas caribeñas de Aruba y las Antillas Neerlandesas. Situado a orillas del mar del Norte y en la desembocadura común de tres grandes ríos europeos —el Rin, el Mosa y el Escalda—, la economía del país está orientada de manera natural hacia los mercados exteriores. Como consecuencia, los Países Bajos se han forjado una sólida reputación como «puerta de Europa», con Róterdam, uno de los mayores puertos del mundo, Schiphol, uno de los aeropuertos más dinámicos de Europa, y algunas de las tecnologías de la comunicación más modernas del mundo como símbolos. Aunque relativamente cerca unas de otras, cada una de las principales ciudades del país tiene su propio carácter.

Geografía

Un territorio llano trabajado por el hombre. El país, modelado por los numerosos canales, tiene una superficie total de 33 670 km², el 17 % de los cuales se halla por debajo del nivel del mar. En paralelo al litoral se eleva una larga alineación de dunas, discontinua en Zelanda y Frisia, y al oeste se extiende el denominado «país hueco», una vasta red de llanuras fluviomarinas que ¡nunca supera los cinco metros de altitud! Se compone principalmente de zonas de arcilla marina joven, turberas bajas y arcilla fluvial. La parte oriental del país, con sus mesetas pantanosas y ligeramente humeantes, también presenta una sorprendente variedad de paisajes naturales: la zona central de arenas blanquecinas, las zonas de turberas altas y las arenas del sur. Las altitudes alcanzan los cien metros en las morrenas glaciares del Veluwe, con picos de hasta 321 metros en el sur, en la meseta de Limburgo.

Sin embargo, esta diversidad en los entornos naturales, fuertemente humanizados, tiene una influencia limitada en la geografía de los Países Bajos, que son sobre todo una obra milenaria de sus habitantes. En todas partes, la geografía está bien moldeada y no se deja nada al azar. El hombre ha alterado profundamente estos paisajes extrayendo turba, limpiando arena y arcilla, desecando lagos y pantanos, embalsando ríos y construyendo pólderes. Siempre luchando contra la subida del nivel del mar (65 metros en los últimos diez mil años), que sigue produciéndose hoy en día.

Clima

Debido a su ubicación en la intersección de los sectores atlántico, nórdico y continental de Europa, los Países Bajos tienen un clima oceánico sujeto a muchas variaciones climáticas regionales. La costa está sometida a los vientos predominantes del oeste, que transportan humedad que amortigua las influencias del aire continental (meridional en verano y polar en invierno). En la costa, la temperatura media anual varía entre los 16 °C en verano y los 3 °C en invierno. En el interior, oscila entre los 17 °C en verano y los 2 °C en invierno.

Medioambiente

Antaño ricos en biodiversidad gracias a sus dunas, deltas y llanuras, los Países Bajos ven actualmente cómo su flora y su fauna han disminuido a causa de la industrialización, los pesticidas y la deforestación. A pesar de ello, la naturaleza se ha adaptado: casi diez mil especies de animales conviven en Ámsterdam con los habitantes de la ciudad, desde zorros a murciélagos y, a veces, incluso las focas se aventuran en los canales. Los neerlandeses lo compensan innovando en el ámbito de los residuos plásticos, con los *Waste Shark* (tiburones de residuos), las *Plastic Whale* o el Recycled Park de Róterdam, mientras que el *PlasticRoad* transforma el plástico en carriles bici. Pero el país sigue siendo un mal ejemplo

en lo que respecta a la contaminación atmosférica y por nitrógeno, debido en gran medida a la ganadería intensiva, con zonas de la red Natura 2000 gravemente afectadas. El Gobierno está invirtiendo 25 000 millones de euros para reducir la cabaña ganadera en un 30 % y reducir a la mitad las emisiones de nitrógeno de aquí a 2035, a pesar de las protestas de los ganaderos. La industria floral, en particular la de los tulipanes, sigue utilizando muchos pesticidas y agua, y las flores importadas se reexportan masivamente a través de FloraHolland. Aunque el país fue condenado por inacción climática por el Tribunal Supremo en 2019, ha logrado reducir sus emisiones de gases de efecto invernadero en un 25,5 % desde 1990, en gran parte gracias a la disminución de la producción de electricidad a partir del carbón, mostrándose así como un país enfrentado y decididamente activo ante los retos medioambientales.

Flora y fauna

▶ **Fauna.** En los Países Bajos habitan ocho especies de reptiles: tres de serpientes y

© RUDMER ZWERVER – SHUTTERSTOCK.COM

Parque Nacional De Hoge Veluwe.

DESCUBRE

Ciervo en el Parque Nacional De Hoge Veluwe.

cinco de lagartos. La serpiente de cuello anillado, no venenosa, caza cerca del agua, mientras que la víbora, más rara, es la única serpiente venenosa que hay en el país, y prospera en zonas boscosas y secas. El lagarto vivíparo es el más extendido y se encuentra en todo el territorio, mientras que los lagartos de tronco y de pared se hallan en la costa y en Limburgo. Las tortugas de agua dulce que se han detectado son generalmente errantes y no se reproducen aquí debido al clima. En cuanto a los mamíferos, destacan tres especies: la omnipresente vaca frisona, famosa por su leche, el elegante y protegido caballo frisón negro y el resistente ganado de las Highlands, que campa a sus anchas por el parque de Zuid-Kennemerland. Por último, la avifauna típica incluye garzas azules, cuervos, grajillas, urracas, arrendajos y numerosos pájaros cantores, como el mirlo o el chochín, que proporcionan entretenimiento y canto a lo largo de las estaciones.

▶ **Flora.** La flora de los Países Bajos se ha visto gravemente mermada por la agricultura intensiva, el uso de herbicidas e insecticidas y la deforestación histórica que ha transformado los ecosistemas. Sin embargo, quedan algunos tesoros, como los magníficos olmos, tilos, plátanos, arces y castaños, así como los sauces, fresnos y álamos que rodean las zonas de agua. En primavera, las campanillas de invierno, la petasites y la colza dan color al campo, mientras que las extensiones de tulipanes alrededor de Lisse y el parque floral de Keukenhof ofrecen un espectáculo inolvidable de 32 hectáreas, ideal para pasear en bicicleta o asistir al famoso desfile de flores a finales de abril. A pesar de su densidad urbana, Ámsterdam conserva espacios verdes como el Amsterdamse Bos y una red de canales y ríos donde la naturaleza y la ciudad se solapan. Entre flores, bosques y humedales, los Países Bajos demuestran que, a pesar del impacto humano, la belleza natural permanece y puede descubrirse a pie, en bicicleta o en canoa, revelando un patrimonio vegetal único y muy colorido.

HISTORIA

Nociones de prehistoria de los Países Bajos

La naturaleza y el hombre siempre han modelado el paisaje de los Países Bajos. Hace miles de años, mucho antes de que se hablara de los actuales Países Bajos, su territorio era un vasto delta pantanoso. Durante mucho tiempo esta tierra fue demasiado inhóspita y el clima demasiado duro para que el hombre sobreviviera allí. Se cree que los primeros asentamientos humanos se remontan a 150 000 años antes de Cristo.

Hace unos once mil años, cuando el clima se suavizó, dejando atrás la Edad de Hielo, y, sobre todo, cuando el litoral del mar del Norte se hizo más estable, grupos de humanos nómadas empezaron a recorrer estas llanuras de escasa vegetación. Tallaban herramientas de sílex y vivían de la caza y la pesca. La agricultura y la ganadería se introdujeron en la región hacia el año 5300 a. C., con los primeros asentamientos humanos estables en las fértiles tierras del sur de Limburgo. Hacia el 2100 a. C. se generalizó el uso de herramientas de bronce.

Dominación romana

En el año 57 a. C., Julio César, procónsul de la provincia romana de la Galia, se lanzó a la conquista de los actuales Países Bajos, poblados entonces por tribus celtas y germánicas. Poco a poco, la región pasó a formar parte del Imperio romano. Con el tiempo, el Rin se convirtió en el límite septentrional del Imperio, y los romanos dotaron a la zona del suroeste del río de una red de carreteras excelente para su época. En el año 69 d. C., varios pueblos germánicos se sublevaron bajo el mando del bátavo Claudio Civilis. Un año después, los romanos sofocaron la rebelión. Durante el reinado del emperador Trajano (98-117), el territorio pasó a formar parte de la provincia de Germania Inferior. Hasta que, en el siglo IV d. C., los romanos se retiraron por completo del noroeste de Europa.

De los francos a la época feudal

Desde el final de la dominación romana, los francos, un pueblo germánico, desempeñaron un papel importante en la región. Clodoveo (466-511) estableció un poder centralizado y autoritario. Rey de la parte suroccidental de la actual Bélgica, consiguió extender su autoridad a toda la Galia. A su muerte en el 511, el reino de los francos se dividió entre sus cuatro hijos, que confiaron el poder real a los mayordomos de palacio. Sin embargo, estos se enzarzaron poco a poco en luchas infructuosas por el poder. Durante el reinado de Carlomagno, los actuales Países Bajos pasaron a formar parte del Imperio franco. A la muerte de Luis el Piadoso, hijo de Carlomagno, el imperio se dividió entre sus tres hijos en virtud del Tratado de Verdún, en 843. Lotario II heredó la región al norte del Jura, llamada Lotaringia en su honor, que abarcaba los Países Bajos pero excluía Flandes. A la muerte de Lotario II se produjeron varias divisiones territoriales, y la Lotaringia quedó finalmente repartida entre el reino de Francia Oriental (donde quedaron incluidos los Países Bajos) y el reino de Francia Occidental.

En los siglos IX y X, los Países Bajos fueron invadidos por vikingos procedentes de Escandinavia. El período comprendido entre los siglos XI y XIV se caracterizó por una gran fragmentación del poder. Aunque formalmente formaban parte del Sacro Imperio Romano Germánico, los Países Bajos estaban divididos políticamente en una serie de territorios prácticamente soberanos, entre los cuales Flandes y Brabante eran los más poderosos. Este período se conoce como la época señorial. El auge de las ciudades también tuvo repercusiones en la vida cultural, que hasta entonces quedaba reducida a las esferas de la nobleza y el clero. Como en toda Europa en aquella época, los textos se escribían en latín. Pero con el creciente protagonismo de la burguesía urbana, a partir del siglo XIII comienza a escribirse en la lengua del pueblo, el neerlandés.

Dominación borgoñona

En el siglo XV, una familia, los duques de Borgoña, consiguió extender su autoridad feudal sobre varias regiones de lo que hoy son los Países Bajos, Bélgica y el este de Francia. El período borgoñón fue una época dorada para el comercio, la industria y las artes. Amberes se convirtió en la principal ciudad portuaria de los Países Bajos y la industria textil pasó a ser un sector clave para la economía de la región.

Bajo el reinado de Carlos V

Durante su reinado, Carlos V consiguió someter sucesivamente los territorios de Frisia (1524), Overijssel y el obispado de Utrecht (1528), así como Groninga y Drente (1536); finalmente, en 1543 lograba anexionarse la región de Güeldres. Carlos intentó unificar las diecisiete provincias de los Países Bajos, pero se encontró con una oposición obstinada y cada vez más violenta. Hacia 1500, una revolución empezó a recorrer Europa. Diversos factores específicos de los Países Bajos, como el auge de las ciudades y de la burguesía, la invención de la imprenta y la necesidad de una reorientación religiosa, allanaron el camino para la difusión de un movimiento que más tarde se conocería como la Reforma. Sus ideas encontraron un terreno favorable en los Países Bajos.

Oponente implacable de Lutero y sus seguidores, Carlos V luchó contra la Reforma con el objetivo principal de preservar la unidad política y religiosa de su imperio. Tras una amarga lucha, en 1555 se vio obligado a firmar la Paz de Augsburgo, que otorgaba a cada príncipe alemán el derecho a decidir sobre la religión de sus súbditos. En cambio, este tratado significaba que los Países Bajos debían seguir siendo católicos. Sin embargo, las ideas de la Reforma se habían extendido tanto entre la población, y los magistrados eran tan reacios a imponer penas severas a los herejes, que la represión fracasó. Decepcionado, sintiéndose viejo y cansado, Carlos V abdicó en 1555. Su hermano Fernando le sucedió en el trono del Sacro Imperio Romano Germánico; y su único hijo, Felipe II, recibió España y las 17 provincias.

Rebelión de las Provincias Unidas

Felipe II (1527-1598) sucedió a su padre en 1555 como soberano de los Países

Bajos. Sin embargo, la alta nobleza del territorio se sublevó, liderada por Guillermo de Orange. Esta revuelta fue una respuesta a la voluntad de centralización administrativa del rey, a la persecución de los herejes, mal aceptada por los neerlandeses, y a la crisis económica. En agosto de 1566 se desató la furia general, que provocó una destrucción generalizada. Esta violencia no solo estaba impulsada por motivos religiosos, sino también sociales, ya que las persecuciones habían perturbado gravemente a la sociedad: bajo el dominio español muchas personas abandonaron los Países Bajos. Guillermo de Orange se puso en contacto con ellas y con otros emigrantes en Alemania e Inglaterra.

Tras reunir el dinero necesario, organizó un ejército para poder invadir los Países Bajos desde diferentes lugares al mismo tiempo, agitando así al pueblo. En 1568 dirigió un ejército hacia Heiligerlee, en Groninga. Este hecho marcó el inicio de un período que duraría hasta 1648, y que por ello se ha denominado la guerra de los Ochenta Años. En 1572, con el apoyo de los hugonotes franceses, Guillermo de Orange preparó nuevos ataques. En Holanda y Zelanda estalló la tan esperada revuelta popular. Por iniciativa propia, las ciudades rebeldes convocaron una reunión de los Estados en Dordrecht, donde se nombró de nuevo a Guillermo de Orange como estatúder. En 1573, los españoles conseguían tomar Haarlem tras un larguísimo asedio, pero Alkmaar se les resistió. Este hecho se celebra aún hoy como el principio de la victoria de los rebeldes. En 1576, las diecisiete provincias firmaron la Pacificación de Gante con el objetivo de expulsar a las tropas españolas del país.

El 6 de enero de 1579, Alejandro Farnesio, que había sido nombrado gobernador en 1578, consiguió unir las provincias católicas que habían permanecido leales a Felipe II en la Unión de Arras, reconociéndose así de nuevo la autoridad del rey. Diecisiete días después, las provincias rebeldes del norte formaron la Unión de Utrecht, continuaron luchando contra España y se prometieron lealtad mutua.

En 1580, Felipe II puso precio a la cabeza del príncipe de Orange, a quien veía como un enconado adversario. Las siete provincias de la Unión de Utrecht reaccionaron en 1581 con una declaración solemne en la que anunciaban que ya no reconocían a Felipe II como soberano. Ofrecieron la soberanía de los Países Bajos al duque de Anjou, hermano del rey de Francia Enrique III, pero limitaron al extremo sus poderes. Guillermo de Orange fue asesinado en Delft en 1584. La situación en las provincias rebeldes se deterioró rápidamente tras su muerte.

Nacimiento de la República de las Provincias Unidas

Siete provincias soberanas, Holanda, Zelanda, Utrecht, Frisia, Groninga, Overijssel y Güeldres, unieron sus fuerzas en 1579 sobre la base de la Unión de Utrecht. Holanda era la provincia más poderosa, por ser la más rica en aquella época. Esta federación se autodenominó República de las Provincias Unidas. Eligieron el término «república» porque constituían el único país de Europa que no tenía un monarca como jefe de Estado. Sin embargo, el cargo de estatúder se mantuvo a pesar de que el rey había sido depuesto en 1581. En 1588, los Estados Generales decidieron dejar de buscar un nuevo soberano y asumir ellos mismos la soberanía. Así nació definitivamente la República de las Provincias Unidas.

El poder comercial neerlandés y la Edad de Oro

Tras la caída de Amberes en 1585, Ámsterdam se convirtió en el puerto más importante de las Provincias Unidas. Los barcos neerlandeses surcaban los océanos. Al principio, varias pequeñas compañías navieras competían entre sí, pero en 1602 unieron sus fuerzas. Por invitación de los Estados Generales, los representantes de las distintas compañías se reunieron en La Haya y fundaron la Compañía Unida de las Indias Orientales. Esta compañía privada podía concluir alianzas, armar una flota, levantar un ejército y ejercer la justicia sobre sus empleados. La Compañía de las Indias Orientales suplantó al comercio español y portugués en Asia y, a finales del siglo XVII, contaba con puestos comerciales desde Oriente Medio hasta Japón. La Compañía de las Indias Occidentales se fundó en 1621 para comerciar con el hemisferio occidental. Frente a la competencia desenfrenada de Inglaterra y Francia, no pudo desarrollarse en la misma medida que su colega responsable de Oriente. Sin embargo, sus beneficios fueron considerables. Conquistaron varios territorios, aunque no pudieron retenerlos.

La prosperidad de la República fue relativamente alta durante este período. Gracias al capital y al desarrollo de la ciencia, se hizo técnicamente factible desecar las lagunas y convertirlas en pólderes, ampliando así la superficie apta para el cultivo. La provincia de Holanda resultó la más beneficiada de este gran desarrollo.

El siglo XVII es conocido como el Siglo de Oro neerlandés porque la prosperidad económica favoreció el florecimiento de la vida cultural. El gobierno supremo de la República estaba en manos de los regentes, una élite de la burguesía. En el plano cultural, la burguesía dejó su impronta fomentando las diversas formas de expresión artística, especialmente la pintura. Los nombres de Rembrandt van Rijn, Frans Hals y Johannes Vermeer se hicieron mundialmente conocidos. La literatura neerlandesa también vivió su época dorada. Como la censura era menos estricta en las Provincias Unidas que en otros lugares, Ámsterdam atrajo a escritores y eruditos que no podían publicar sus obras en su país. El francés René Descartes y el inglés John Locke fueron dos famosos pensadores que vivieron en los Países Bajos.

Los Países Bajos en el centro de los conflictos europeos

Al final de la Tregua de los Doce Años, en 1621, la República de las Provincias Unidas volvió a levantarse en armas contra España, y lograron conquistar definitivamente varias ciudades importantes. Con el Tratado de Münster se reconocía definitivamente la independencia de la República de las Provincias Unidas. Se disolvía así el vínculo oficial con el Imperio alemán y con el rey de España. La Paz de Münster, que ponía fin a ochenta años de guerra contra España, era también la ratificación oficial de una situación que ya existía de hecho aproximadamente desde 1590. Inglaterra, que había apoyado a la República en su lucha contra España, veía sin embargo con malos ojos el crecimiento del comercio holandés. En 1651, el Parlamento inglés aprobó la Ley de Navegación, que proclamaba, en términos generales, la hegemonía de Inglaterra sobre los mares —especialmente el mar del Norte—, pero que en realidad iba dirigida contra el comercio neerlandés. Se libraron cuatro guerras entre la República e Inglaterra, que concluyeron con una flexibilización de la citada ley.

La República también estuvo en guerra con Francia. En 1672, Luis XIV, rey de este país, concluía una alianza con el rey de Inglaterra y dos obispos alemanes. La República era atacada en el sur por los franceses y en el este por los ejércitos de los obispados, mientras que en el mar la flota franco-inglesa suponía una amenaza permanente. Solo Holanda, Zelanda y la ciudad de Groninga permanecieron libres. El pueblo subió al poder a Guillermo III y los Estados Generales acordaron que se convirtiera en estatúder. Bajo el mando de Guillermo III, el ejército consiguió hacer retroceder a los franceses.

El príncipe Guillermo III era un político astuto. Mediante alianzas, trató de preservar el equilibrio político en Europa y contener el expansionismo de Luis XIV. En 1677, se casó con María Estuardo (1662-1694), cuyo padre se convirtió en rey de Inglaterra en 1685 como Jacobo II. Las opiniones católicas y las tendencias absolutistas del rey de Inglaterra disgustaron al Parlamento inglés, que en 1688 solicitó a Guillermo y María que se convirtieran en rey y reina de Inglaterra. Guillermo cruzó el mar del Norte al frente de un ejército y Jacobo II se refugió en Francia. Esta Revolución Gloriosa tuvo un importante resultado: el establecimiento de una monarquía constitucional en Inglaterra.

Siglo XVIII

Guillermo III murió en 1702 sin dejar descendencia, iniciándose así el segundo período sin estatúder. La relevancia comercial de la República fue gradualmente sustituida por la pujanza de Gran Bretaña y Francia, y el país sufrió diversas derrotas militares y políticas. Así, Guillermo IV, estatúder de Frisia, fue requerido por las provincias para convertirse en su nuevo estatúder. Además, el cargo fue declarado hereditario y Guillermo recibió amplios poderes.

La Revolución Americana de 1776 no pasó desapercibida en la República. Los americanos se habían inspirado en la revuelta del norte de los Países Bajos en el siglo XVI. Los comerciantes neerlandeses veían en una América independiente, sobre todo, un atractivo socio comercial, y la República fue, *de facto,* uno de los primeros países del mundo en reconocer a los Estados Unidos como un Estado independiente.

Aunque las reformas políticas propugnadas por la mayoría de los patriotas (partidarios de las revoluciones liberales) implicaban socavar el poder de los estatúder, en principio no pretendían destituir a la Casa de Orange. Los patriotas se organizaron en cuerpos francos, o pequeños ejércitos, en las ciudades y pueblos, y se convirtieron en una amenaza para la autoridad del estatúder. Pero, derrotados, muchos de los líderes patriotas huyeron a Francia y a los Países Bajos de los Habsburgo. Guillermo V fue restituido como estatúder hereditario.

Gobierno francés

La Revolución Francesa de 1789 reavivó las esperanzas de los patriotas neerlandeses. En 1793, Francia declaró la guerra a Gran Bretaña y a la República de las Provincias Unidas. Las tropas francesas invadieron el sur de los Países Bajos pero fueron inesperadamente derrotadas. Finalmente, los franceses consiguieron ocupar la República en 1795. Guillermo V se refugió en Inglaterra y confió la administración de las colonias neerlandesas a los británicos.

Los patriotas llegaron entonces al poder; querían hacer de los ideales de la Revolución Francesa —Liberté, Égalité, Fraternité— los ideales de su país, en adelante llamado República Bátava. Las reformas políticas no se hicieron esperar. Los Estados Generales fueron sustituidos por una Asamblea Nacional y en la primavera de 1796 se decidió redactar una constitución. Napoleón Bonaparte (1769-1821) tomó el poder en Francia en 1804 y quiso que la República Bátava estuviera dirigida por una sola persona con amplios poderes. El emperador creía que un régimen así le serviría mejor en su guerra contra el Reino Unido. Napoleón ideó un plan, el bloqueo continental, para acabar con el comercio británico, y prohibió la importación de mercancías de ultramar. Entonces, en junio de 1806 nombró rey a su hermano Luis Napoleón (1778-1846), y la República se convirtió en el Reino de Holanda. El bloqueo continental tenía sus defectos: en la costa holandesa floreció el contrabando mientras Luis hacía la vista gorda. Napoleón se anexionó el sur de los Países Bajos en 1810. Pocos meses después, el rey Luis abdicó y el Reino de Holanda fue anexionado a Francia. Se introdujo la legislación francesa en el país, pero la mayoría de la población no vio con buenos ojos la llegada de los franceses.

La creación del Reino de los Países Bajos

El fracaso de la campaña rusa de Napoleón supuso el fin de la dominación extranjera en los Países Bajos. Tras la batalla de Leipzig, en 1813, el Imperio francés se derrumbó. Los partidarios del príncipe de Orange esperaban el regreso de Guillermo Federico, hijo del último estatúder, Guillermo V. Desembarcó en Scheveningen en noviembre de 1813. Aceptó convertirse en soberano en 1814 y adoptó el nombre de Guillermo I. En 1815 fue proclamado rey de los Países Bajos. El nuevo Estado tenía un parlamento bicameral, pero su influencia en el gobierno del país era mínima.

Durante la dominación francesa, el neerlandés se consideró un dialecto inferior, solo hablado por los campesinos. La élite del sur era totalmente francófona, y cuando, en 1819, Guillermo I quiso introducir gradualmente el neerlandés como lengua oficial en las provincias flamencas, la élite francófona reaccionó con un rechazo especialmente violento. Las primeras rebeliones tuvieron lugar en Bruselas en agosto de 1830, en forma de reyertas que pronto derivaron en una insurrección a gran escala. Poco después, los revolucionarios proclamaban la independencia de Bélgica. Tras la entronización de Leopoldo I como rey de los belgas, Guillermo I envió un ejército al sur bajo el mando de su hijo, el príncipe heredero Guillermo. Los belgas fueron derrotados, pero la intervención militar francesa impidió que Guillermo I restableciera su autoridad en la región. No obstante, los Países Bajos conservaron parte de Limburgo y Flandes. Guillermo no aceptó, sin embargo, la separación de los Países Bajos del norte y del sur, y mantuvo un gran ejército en pie de guerra hasta 1839. Ese año, un tratado desbloqueó la situación. Bélgica se convirtió en un reino neutral, cuya existencia quedaba garantizada por las grandes potencias.

Países Bajos en el siglo XIX

Guillermo I hizo mucho por la economía de los Países Bajos, lo que le valió el apelativo de «el rey mercader». Introdujo métodos industriales modernos en ambas partes de su reino, sobre todo en la futura Bélgica, donde se había desarrollado una moderna industria minera y metalúrgica incluso antes de su separación del norte. En Gante floreció la industria algodonera. El rey también concentró sus esfuerzos en ampliar las infraestructuras: hizo construir carreteras y excavar canales, y apoyó planes de desbroce de tierras y de creación de compañías navieras.

Los Países Bajos aún conservaban entonces un gigantesco imperio colonial, aunque más pequeño que en los siglos XVII y XVIII. La actual Indonesia, entonces conocida como Indias Orientales Neerlandesas, era su principal colonia.

Guillermo I, el rey mercader

Desde el principio, el reinado de Guillermo I fue autoritario. El rey prefería gobernar por decreto. El Consejo de Ministros apenas se reunía y el monarca daba instrucciones a sus ministros.

Guillermo I era un gran trabajador. Invirtió gran parte de su enorme fortuna personal en nuevos proyectos y estuvo detrás de la creación del Banco de los Países Bajos. Pero el descontento popular con el régimen autoritario del rey aumentó tras la separación de Bélgica en 1830. El gran ejército que mantuvo en pie de guerra costaba caro al erario público. Hasta 1839, el rey no se resignó a aceptar la pérdida de Bélgica. Esta decepción y las críticas a sus planes de casarse con una mujer católica le llevaron a abdicar en 1840. Murió el 12 de diciembre de 1843.

Constitución de 1848

En 1848, en un momento de agitación política en toda Europa, Guillermo II, que no deseaba ver debilitado su poder, temía que los vientos de revuelta se extendieran a los Países Bajos y aceptó modificar la Constitución. Se introdujo la responsabilidad ministerial: la persona del rey se hizo inviolable y los ministros pasaron a ser responsables de las políticas que se llevaran a cabo.

La Constitución también proclamaba un cierto número de derechos civiles: reconocía la libertad religiosa, de asociación y de reunión, así como la libertad de prensa y de enseñanza.

La Constitución de 1848 tuvo igualmente una gran importancia para el desarrollo de las colonias neerlandesas. Anteriormente, la autoridad en asuntos coloniales recaía en el rey, que estaba representado en cada colonia por un gobernador general. En 1848, el rey fue privado de este poder político y el Parlamento pasó a detentar la autoridad sobre las colonias.

El cambio social y la vida política a lo largo del siglo

Entre 1840 y 1890, la sociedad neerlandesa pasó de ser predominantemente agrícola a industrial. Los obreros estaban disconformes con las condiciones, a veces desastrosas, en las que tenían que vivir y trabajar. Así que se unieron para exigir mejores condiciones laborales.

Los Países Bajos se beneficiaron enormemente del rápido desarrollo industrial de la región alemana del Ruhr, y Róterdam se convirtió en un importante puerto. Sin embargo, la pobreza se convertiría en un problema creciente, sobre todo en las ciudades y las áreas industrializadas, que no dejaban de expandirse. Las relaciones entre los trabajadores y el gobierno continuaban siendo muy conflictivas, y las huelgas de principios del siglo XX fueron duramente reprimidas.

Hacia 1870, los Países Bajos se dotaron de las infraestructuras necesarias para desarrollar su industria. La red ferroviaria se amplió considerablemente y Ámsterdam y Róterdam quedaron unidas al mar del Norte por modernos canales. A la zaga de la temprana revolución industrial belga, la sociedad neerlandesa experimentó por fin un cambio radical. Entró en la era moderna, y con ello aparecía una nueva clase numéricamente dominante, el proletariado. En la década de 1880 se creó el Partido Socialista, aunque siguió siendo bastante débil. El Sociaal-Democratische Arbeiderspartij (SDAP), fundado en 1894, tuvo más éxito. Los marxistas radicales abandonaron el SDAP en 1909 para formar el Partido Comunista. El sufragio masculino se amplió notablemente en 1887 y 1896, y en 1922 las mujeres neerlandesas acudieron por primera vez a las urnas.

Política exterior

La política exterior neerlandesa en el siglo XIX se orientó a proteger las posesiones coloniales del país y a desarrollar su poder económico y financiero. El país

siguió con preocupación el proceso de unificación alemana, liderado por Prusia. De hecho, la situación en Europa cambió radicalmente en 1871 con la creación del Imperio alemán.

En los primeros años del siglo XX, las tensiones aumentaron en Europa y la guerra se hizo inminente. Tras el estallido de la Primera Guerra Mundial, Alemania invadió Bélgica y Luxemburgo, pero respetó la neutralidad de los Países Bajos. Para salvaguardar esta neutralidad, el gobierno neerlandés decretó la movilización, con el apoyo de todos los partidos políticos. Sin embargo, aprovechando la neutralidad del país, Alemania esperaba preservar sus flujos comerciales a través de los puertos neerlandeses, y el Reino Unido respondió a ello con un bloqueo naval. Al final de la guerra la situación alimentaria era extremadamente precaria y el gobierno tuvo que introducir un estricto sistema de racionamiento para evitar la hambruna. Tras la derrota de la armada alemana en 1918, el emperador alemán se refugió en el territorio neutral de los Países Bajos. El gobierno aceptó su presencia allí con la condición de que no ejerciera ninguna actividad política. Murió cerca de Utrecht en 1941.

Período de entreguerras

La democracia en los Países Bajos se mantuvo estable en las décadas de 1920 y 1930. Durante años, gran parte de los recursos públicos se dedicaron a construir diques y desecar pólderes, por lo que el territorio neerlandés se expandió considerablemente.

En el período entre las dos guerras mundiales, los Países Bajos fueron un pilar de la Sociedad de Naciones, creada en 1920 y precursora de la actual Organización de las Naciones Unidas.

La crisis económica mundial de 1929 golpeó duramente a los Países Bajos y a las Indias Orientales Neerlandesas.

Frente a una Alemania cada vez más amenazante, los Países Bajos se apoyaron en su política de neutralidad para mantenerse al margen.

Segunda Guerra Mundial

El 10 de mayo de 1940, el ejército alemán invadió Francia, Luxemburgo, Bélgica y los Países Bajos. Las tropas aerotransportadas, encargadas de capturar a la reina y al gobierno, se lanzaron en paracaídas en los alrededores de La Haya. El 14 de mayo, la situación era desesperada: la Luftwaffe bombardeaba el centro de Róterdam y amenazaba con reducir a cenizas otras grandes ciudades. Los Países Bajos capitularon. Afortunadamente, la rendición solo se aplicó al territorio neerlandés en Europa. El Gabinete y la reina, exiliados en Londres, gobernaban desde allí las Indias Neerlandesas, Surinam y la colonia de Curaçao. La marina se había refugiado en el Reino Unido y la flota mercante, la mayor parte de la cual estaba en el mar en 1940, participaba en el esfuerzo bélico aliado. En el continente, los Países Bajos pasaron a estar bajo la administración civil de la Alemania nazi. Los alemanes creían tener cierta afinidad ideológica con los neerlandeses, y su objetivo a largo plazo era anexionar el país al Reich. Por esta razón, los primeros meses de la invasión no fueron demasiado duros. Sin embargo, el carácter de la ocupación cambió con bastante rapidez, sobre todo en lo que respecta a las medidas adoptadas contra los judíos. Se les aisló del resto de la población, y más de cien mil de ellos, es decir, alrededor del 75 % de la población judía del país, fueron deportados a campos de concentración. Surgió una prensa clandestina, con periódicos como *Vrij Nederland, Trouw, De Waarheid* y *Het Parool*, cuyas noticias no eran censuradas y que lograron sobrevivir a pesar de la represión alemana cada vez más feroz. Tras el desembarco de Normandía, el 6 de junio de 1944, las tropas aliadas avanzaron y liberaron las provincias del sur de los Países Bajos. Pero a finales de septiembre de 1944 quedaron bloqueadas frente al Rin, en Arnhem, y las provincias del norte permanecieron ocupadas por los alemanes.

El ejército aliado reanudó su avance en la primavera de 1945. Los liberadores canadienses y polacos fueron recibidos con un entusiasmo delirante. Las tropas alemanas en los Países Bajos se rindieron el 5 de mayo de 1945. El país era libre, pero había pagado un alto precio: alrededor de 236 000 neerlandeses perdieron la vida.

Reconstrucción: una política solidaria

Las consecuencias de la guerra fueron desastrosas para el país. Por ello, el gobierno dio prioridad a la reconstrucción y a la recuperación económica. Gracias al férreo control de las autoridades sobre los salarios, los precios y el comercio exterior, la economía se recuperó. Pero la situación no mejoró realmente hasta 1948 gracias al plan Marshall. Entre 1948 y 1952, los Países Bajos recibieron más de mil millones de dólares en ayudas. El crecimiento económico se hizo entonces continuo y elevado. Es lo que se conoce como «el milagro holandés». El socialdemócrata Willem Drees, primer ministro durante diez años, de 1948 a 1958, fue el responsable del establecimiento del Estado del bienestar.

La cuestión indonesia y la política exterior

La Segunda Guerra Mundial también se dejó sentir en Asia, sobre todo en las Indias Orientales Neerlandesas ocupadas por Japón. Los nuevos ocupantes enviaron a los antiguos colonos a campos de concentración e intentaron ganarse la voluntad de la población local haciendo hincapié en la cuestión de la independencia. De hecho, en la década de 1920 ya se había desarrollado un movimiento nacionalista en las Indias Orientales Neerlandesas. Los Países Bajos restablecieron inmediatamente su autoridad por la fuerza, excepto en Java y Sumatra, e iniciaron negociaciones con representantes de la recién proclamada República de Indonesia. Pero como las partes no se ponían de acuerdo sobre cómo proceder, el gobierno neerlandés recuperó su libertad de acción e inició una intervención militar. La República de Indonesia fue derrotada militarmente pero salió victoriosa políticamente. Y bajo la presión de la opinión pública internacional, especialmente de los Estados Unidos, la metrópolis tuvo que ceder. El 27 de diciembre de 1949, en el Palacio Real de Ámsterdam, los Países Bajos transferían la soberanía sobre el archipiélago de las Indias Neerlandesas a la República de los Estados Unidos de Indonesia. Unas 250 000 personas abandonaron entonces Indonesia para establecerse en los Países Bajos. En 1962 también cedieron la soberanía sobre Nueva Guinea a las Naciones Unidas, que la transfirieron a Indonesia un año después. Surinam y las Antillas Neerlandesas fueron dotadas de una administración interna autónoma. Surinam se convirtió en una república independiente en 1975.

Cuando los Países Bajos ofrecieron la independencia a las Antillas Neerlandesas, estas mostraron menos interés. En la actualidad, el Reino de los Países Bajos está formado por los Países Bajos, las Antillas Neerlandesas y Aruba. Desde el punto de vista diplomático, los Países Bajos participaron en todos los grandes tratados internacionales y occidentales posteriores a la Segunda Guerra Mundial.

El Plan Delta, la eterna domesticación del agua

En febrero de 1953, el suroeste de los Países Bajos fue invadido por el mar. La excepcional combinación de una tormenta proveniente del noroeste y un maremoto, fue demasiado violenta para los diques. Más de 1800 personas murieron en las inundaciones.

El gobierno decidió cerrar las ensenadas del suroeste del país y elaboró el Plan Delta en 1958. El cierre de las grandes ensenadas fue una tarea considerable y ardua. Durante siglos, el movimiento de las mareas había determinado la vida en esta parte de los Países Bajos. La barrera contra las mareas de tempestad consiste en gigantescas compuertas de acero que pueden bajarse en caso de pleamar para cerrar las ensenadas y proteger el territorio. La presa de Oosterschelde, terminada en 1986, es sin duda una de las mayores obras de ingeniería hidráulica del mundo.

Países Bajos, el milagro económico

En la década de 1960, las iglesias se vaciaron y se democratizaron al mismo tiempo. De hecho, no hicieron falta ni diez años para que esta nación de moral encorsetada y con fama de tener un modelo social bastante estricto se convirtiera en una sociedad permisiva. Uno de los aspectos más importantes de este cambio, que sin duda tendría efectos duraderos, fue la emancipación de la mujer. La segunda ola del feminismo tuvo un profundo efecto en la vida de los neerlandeses que, de hecho, continúa hasta nuestros días. Poco a poco, las mujeres fueron alcanzando la igualdad en los ámbitos de la política, la educación, la Iglesia e incluso en bastiones tradicionalmente muy masculinos, como la empresa, las fuerzas armadas o la policía. Como en el resto de Europa, en las últimas décadas del siglo XX el desempleo aumentó y, al igual que otros países europeos, los Países Bajos tuvieron que hacer frente a la creciente competencia de los nuevos países industrializados de Asia y de una Europa oriental que recuperaba sus libertades.

Los Países Bajos hoy

La historia política reciente de los Países Bajos ha estado marcada por acontecimientos dramáticos y grandes convulsiones. El año 2002 será recordado por el ascenso y asesinato de Pim Fortuyn, que había cautivado a un electorado abordando temas como la inmigración, la inseguridad y la seguridad social. Su asesinato, pocos días antes de las elecciones, sumió al país en una intensa conmoción. El gobierno de Jan Peter Balkenende solo duró 87 días, antes de que una coalición liberal tomara el relevo. En 2010, las elecciones confirmaron el ascenso del PVV de Geert Wilders (ultraderechista) como tercera fuerza política, mientras que Mark Rutte intentó varias veces formar gobierno antes de conseguirlo con una coalición liberal-populista. En 2012, Wilders derribó el Gobierno, muy criticado por sus políticas de austeridad, pero Rutte y los laboristas ganaron las elecciones, ilustrando el regreso de los partidos moderados al centro.

La monarquía también alcanzó un punto de inflexión en 2013 con el acceso al trono de Guillermo Alejandro, cuyo matrimonio con Máxima Zorreguieta ha reforzado la imagen de la institución. Y la selección femenina de fútbol brilló en 2017 con su victoria en la Eurocopa. Los retos siguen siendo numerosos: inmigración, integración, vivienda, presión sobre la educación y la sanidad, así como la lucha contra el cambio climático y la subida del nivel del mar. La tolerancia ha sido puesta a prueba en casos relacionados con el narcotráfico y la «Mocro Maffia», con el asesinato de figuras como Derk Wiersum y Peter R. de Vries. En las elecciones generales de 2023, el partido de extrema derecha PVV se alzó con la victoria y formó una coalición conservadora encabezada por Dick Schoof.

El 27 de octubre de 2025, Ámsterdam celebró su 750 aniversario con todo un año de actos festivos, conciertos y desfiles emblemáticos. Al mismo tiempo, el gobierno de Dick Schoof se derrumbaba en junio tras la retirada del PVV, lo que dio lugar a elecciones generales anticipadas el 29 de octubre de 2025. La coalición centrista de Rob Jetten ganó sorprendentemente los comicios, desbancando a la extrema derecha.

POBLACIÓN

Demografía

En 1830, este pequeño país tenía poco más de 2,6 millones de habitantes. Hoy son más de dieciocho millones, lo que representa un crecimiento demográfico más rápido que el de muchos otros países europeos. Sin embargo, este mayor dinamismo demográfico, evidente a principios de siglo, tiende a desvanecerse. Mientras que la tasa de mortalidad se ha mantenido prácticamente invariable en los últimos años, la de natalidad, como suele ocurrir en Europa, está disminuyendo. Los Países Bajos no son una excepción a la regla, y su población también envejece progresivamente: los mayores de 65 años representan actualmente en torno al 20 % de la población total.

El fuerte crecimiento demográfico no siempre ha estado exento de problemas, ya que a veces ha dado lugar a importantes presiones regionales o a enfrentamientos dentro de una zona limitada. Los Países Bajos tienen una de las densidades de población más altas del mundo (545 habitantes/km²), si consideramos solo el territorio europeo. Casi el 80 % de la población vive en las grandes ciudades del oeste (las regiones del norte y del este no ofrecen suficientes puestos de trabajo), aunque las más grandes están experimentando ahora un cierto éxodo de población hacia comunidades rurales organizadas.

Idiomas

La lengua neerlandesa...

El origen de la lengua neerlandesa se remonta al siglo VIII. Al igual que el inglés y el alemán, pertenece a la familia de las lenguas germánicas. El neerlandés es la lengua materna de más de 22 millones de flamencos y neerlandeses. También es la lengua oficial de Surinam y de las Antillas Neerlandesas (estas últimas aún forman parte del Reino de los Países Bajos). Además, sigue desempeñando un papel importante como lengua extranjera en Indonesia, cuya población se estima en más de 270 millones de habitantes. Una lengua muy similar al neerlandés, el afrikaans, es utilizada como lengua materna por millones de personas en Sudáfrica.

© MAPLES IMAGES – SHUTTERSTOCK.COM

En una calle de Ámsterdam.

... y la lengua frisona

En la provincia de Frisia, los habitantes utilizan otra lengua además del neerlandés oficial: el frisón, que solo se habla en la provincia septentrional de Frisia. La mayoría de los neerlandeses no lo conocen. En el mundo hay unos 700 000 hablantes de esta lengua.

Estilo de vida

El milagro neerlandés

Los Países Bajos presumen de una economía sólida y un elevado nivel de bienestar, gracias a unas infraestructuras de alto rendimiento y un sistema sanitario eficiente aunque costoso. Los neerlandeses buscan el equilibrio entre vida privada y trabajo: el tiempo libre, la formación y las vacaciones sabáticas forman parte de su cultura. En el país hay pleno empleo, pero también problemas a causa de una crisis inmobiliaria que frena la contratación en varios sectores.

Vida familiar

La familia está en el centro de la sociedad. El embarazo se considera un acontecimiento natural, a menudo con escasa atención médica. Las mujeres disponen de dieciséis semanas de baja por maternidad, aunque el trabajo a tiempo completo no es muy frecuente entre ellas. Las jornadas se organizan en torno a los hijos, que son muy independientes, con un ritmo marcado por la vida escolar y deportiva.

La mujer y el trabajo

La mayoría de las mujeres neerlandesas trabajan a tiempo parcial (más del 70 %) y dan prioridad a la vida familiar. El coste del cuidado de los niños y la presión social dificultan su empleo a tiempo completo. El gobierno quiere aumentar su participación en el ámbito laboral asumiendo la responsabilidad de las guarderías, lo que está previsto para 2027. A pesar de ello, las mujeres neerlandesas siguen siendo las que menos horas trabajan de Europa.

«Gezelligheid», el arte de vivir neerlandés

Símbolo de confort y convivencia, la *gezelligheid* se cultiva en torno a interiores cuidados, cafés, tartas y actividades compartidas. A los neerlandeses les encanta entretenerse con sencillez y disfrutar juntos de cálidos momentos.

Un país favorable al colectivo LGBT

Este fue el primer país en legalizar el matrimonio entre personas del mismo sexo, en 2001, y sigue siendo un referente mundial de tolerancia. Cada verano se celebra en Ámsterdam el Canal Pride, símbolo de apertura.

Los límites de la tolerancia a las drogas

Conocido por sus *coffee shops,* el país ve cuestionado su modelo por el auge del narcotráfico y la violencia que lo acompaña. El asesinato del periodista Peter R. de Vries en 2021 ha reavivado el debate sobre una legalización total supervisada por el Estado.

Religión

En los Países Bajos, la libertad religiosa y de opinión están garantizadas por la

Pieterskerk (iglesia de San Pedro).

Constitución, con una estricta separación entre Iglesia y Estado. El país estaba históricamente dividido entre católicos en el sur y protestantes en el norte, pero hoy el catolicismo es mayoritario, mientras que la Iglesia protestante reformada representa menos del 15 % de la población. El calvinismo, lejos de ser solo una religión, ha moldeado la cultura holandesa: la sobriedad, la eficiencia y la frugalidad siguen siendo valores muy arraigados. El *Bijbelgordel* (literalmente «Cinturón de la Biblia», en referencia al *Bible Belt* de Estados Unidos), zona de protestantismo estricto, se extiende desde el suroeste al noreste y se caracteriza por una alta tasa de natalidad y un bajo índice de vacunaciones.

Fiestas religiosas como Semana Santa y Navidad marcan el ritmo de la vida cultural, sobre todo en Ámsterdam, con prestigiosos conciertos en el Concertgebouw. El carnaval, muy popular

en el sur, ilustra la diversidad cultural y religiosa del país. El islam, introducido con la inmigración marroquí y turca en la década de 1960, cuenta con cerca de un millón de seguidores y ha suscitado debates políticos, sobre todo tras los asesinatos de Pim Fortuyn y Theo Van Gogh. Geert Wilders y su PVV encarnan la hostilidad contra el islam radical.

La comunidad judía, presente en el país desde el siglo XVII, contribuyó a la Edad de Oro neerlandesa, sobre todo en Ámsterdam, pero fue diezmada por el Holocausto: el 75 % de los judíos del país fueron exterminados. Hoy, el recuerdo de esta tragedia sigue vivo, con conmemoraciones y monumentos como el dedicado a las 102 000 víctimas en el corazón del barrio judío de Ámsterdam. El país sigue promoviendo la tolerancia religiosa, al tiempo que afronta los retos contemporáneos de integración y convivencia entre culturas y creencias.

ARTE Y CULTURA

Arquitectura

En la isla de Schokland, más de 160 yacimientos arqueológicos dan testimonio de una lucha milenaria contra el agua. Los romanos fortificaron las orillas del Rin, dejando a su paso campamentos, templos y calzadas. En la Edad Media dominó el románico mosano, reconocible por sus macizos occidentales (*westwerk*) y sus cuerpos salientes (*avant-corps*), como en las basílicas de San Servacio y Nuestra Señora de Maastricht. El gótico brabantino, inspirado en el modelo francés, se distingue por sus líneas verticales y sus coloridas vidrieras, que pueden verse en Haarlem y Midelburgo. Esta época también vio nacer los primeros ayuntamientos ricamente decorados y las *Waterschappen,* instituciones que gestionaban los diques y canales, símbolos de un pueblo unido por el dominio del agua.

La Edad de Oro

El Renacimiento neerlandés incorporó policromía y elegancia, como se aprecia en las iglesias de Ámsterdam diseñadas por Hendrick de Keyser. Durante este período, las fachadas a dos aguas se convirtieron en verdaderas obras de arte. En el siglo XVII llegó el apogeo de Ámsterdam: urbanismo, canales concéntricos y coherencia arquitectónica. El Palacio Real, la Mauritshuis y los *hofjes* encarnan este refinamiento. Las fortificaciones de Naarden y los molinos de sombrerete pivotante son testigos de una ingeniería avanzada. El pólder de Beemster, obra maestra geométrica, ilustra la racionalización del territorio y la importancia de la gestión del agua.

Siglos XVIII y XIX

En el siglo XVIII, la vida se embellece, con interiores de cerámica y muebles refinados inspirados en el estilo francés. Daniel Marot introdujo el confort y el ornamento. El siglo XIX vio la creación de grandes infraestructuras militares (las Líneas de agua de defensa holandesas y la Línea de defensa de Ámsterdam) y el auge del estilo neorrenacentista con Pierre Cuypers, creador del Rijksmuseum. Se fundan colonias agrícolas, como Frederiksoord y Veenhuizen, para reducir la pobreza. La industrialización vino acompañada de fábricas monumentales, la arquitectura del hierro y las primeras urbanizaciones obreras, como el Agneta Park de Delft.

Elogio de la modernidad

Hendrik Petrus Berlage revolucionó la arquitectura combinando tradición y modernidad, como en la Bolsa de Ámsterdam. La Escuela de Ámsterdam, liderada por De Klerk y Kramer, esculpió el ladrillo y creó expresivas viviendas sociales, como Het Schip y De Dageraad. El movimiento De Stijl, influido por Mondrian y Wright, abogaba por la pureza geométrica. Rietveld lo personificó con la Rietveld-Schröderhuis de Utrecht, mientras que las fábricas de cristal y acero Van Nelle anunciaron el funcionalismo industrial.

QUÉ TRAER DEL VIAJE

Los regalos típicos tienen la ventaja de ser realmente útiles. En el campo, verás a la gente con los característicos zuecos: ¡no hay nada mejor para trabajar en el campo y en tu huerto! También deberías darte una vuelta por el mercado de flores de Singel, en Ámsterdam, para ver los bulbos y las cebollas, porque ahora que tienes los zuecos... tendrás que dedicarte a la jardinería. Un pequeño artilugio que siempre triunfa: los imanes con forma de zuecos o de tulipanes, que se venden por todas partes. La loza de Delft también es inevitable, aunque no es barata. Entre las especialidades gastronómicas del país destacan los chocolates (y las virutas de chocolate para untar en tostadas, *hagelslag*), los quesos, sobre todo el edam y el gouda, la anguila ahumada (*paling*) y también la jenever y algunas cervezas de fabricación local. Por último, los amantes de los puros estarán encantados.

DESCUBRE

Arquitectura contemporánea

Destruida en 1940, Róterdam se convirtió en un laboratorio arquitectónico. El plan Van Traa (1946) estructuró la ciudad antes de que Piet Blom, Rem Koolhaas y Norman Foster inventaran en ella un nuevo lenguaje urbano. Koolhaas diseñó el Kunsthal y De Rotterdam, la torre más emblemática del siglo XXI. En La Haya, Meier, Nouvel y Hadid transformaron el paisaje institucional, mientras que Ámsterdam fue testigo de multitud de atrevidos proyectos: el NEMO de Renzo Piano, la ING House, el Stedelijk Museum y los barrios flotantes.

Cine

El cine neerlandés tiene su origen en 1896 con las proyecciones del feriante Christiaan Slieker y la primera película de ficción de M. H. Laddé, *Gestoorde hengelaar*. La era muda se abrió paso con *La escalera viviente* (1913), de Maurits Binger, restaurada por el Eye Film Institute. En la década de 1930, Joris Ivens se consagró como maestro del documental políticamente comprometido (*De Brug, Regen, Miseria en Borinage*), antes de disfrutar de una carrera internacional coronada por un León de Oro en Venecia en 1988. Las décadas de 1970 y 1980 fueron las de la irrupción de Paul Verhoeven, autor de películas de culto como *Delicias turcas, Vivir a tope* y *El cuarto hombre,* antes de su exilio *hollywoodiense* y sus éxitos internacionales (*RoboCop, Instinto básico, Elle, Benedetta*). Otras figuras destacadas son Fons Rademakers (*El asalto,* Oscar en 1986), Marleen Gorris (*Antonia,* 1996) y Mike van Diem (*Karakter,* 1998). La animación brilla con Michael Dudok de Wit, ganador del Oscar por *Padre e hija* y autor de *La tortuga roja* (2016). *Control* (2007), de Anton Corbijn, un biopic sobre Ian Curtis, fue aclamada en Cannes. Los Países Bajos también atraen a Hollywood: *Diamantes para la eternidad, Ocean's Twelve, Estrellas opuestas* y *Dunkerque* han inmortalizado Ámsterdam y el IJsselmeer.

Danza

Los neerlandeses también aman la danza clásica. Ámsterdam, como todas las grandes capitales europeas, ofrece un programa único en lugares excepcionales.

La capital del país es la sede del Ballet Nacional. Sus bailarines se forman en las mejores escuelas de ballet del viejo continente y de Estados Unidos. El Ballet Nacional neerlandés representa dos o tres obras clásicas al año, y el Muziektheater, uno de los teatros más grandes y suntuosos de Europa, es el lugar ideal para una velada de gran pompa y circunstancia.

Literatura

Desde principios del siglo XV hasta nuestros días, la literatura neerlandesa ilustra una búsqueda constante de apertura, identidad e innovación. Nacida con Erasmo, símbolo del humanismo universal, floreció durante el Renacimiento con los círculos literarios de Ámsterdam (como De Eglantier), donde Spiegel, Bredero y Hooft, pioneros de la poesía y el teatro modernos, dejaron su impronta. El siglo XVII fue una edad de oro intelectual, con Vondel, Cats y Spinoza elevando el pensamiento y la lengua neerlandeses al rango de las grandes culturas europeas. El siglo XVIII, marcado por la influencia francesa, llegó a su fin antes de un renacimiento romántico en el XIX que se vio surgir a Feith, Helmers y Tollens. El realismo saltó a la palestra con *Max Havelaar*, de Multatuli, un portazo contra la coloni-

zación, seguido de la generación de los *tachtigers*, rebeldes estéticos partidarios de la libertad creativa. En el siglo XX, la literatura dio testimonio del trauma de la guerra —de Ana Frank a Willem F. Hermans y Harry Mulisch— y exploró al individuo frente a la memoria colectiva. A finales de siglo, la diversidad se convirtió en su fuerza: Hella S. Haasse, Cees Nooteboom, Geert Mak y Arnon Grunberg encarnaron una escritura cosmopolita, abierta al mundo y que se movía entre la memoria, la identidad y la modernidad.

Música

Música clásica

Este es un país apasionado por la música clásica y, aunque no ha dado grandes figuras a escala mundial, posee una rica tradición musical. En el siglo XVII, Jan Pieterszoon Sweelinck, maestro de órgano y de la transición del Renacimiento al Barroco, y Jacob van Eyck, virtuoso del carillón, dejaron su impronta. En el siglo XVIII, Pieter Hellendaal destacó en Europa, seguido por Johannes Verhulst en el XIX, influido por Schumann. A principios del siglo XX sobresalieron Henriette Bosmans, pianista y compositora, y Alphons Diepenbrock, cercano a Mahler y Debussy. El modernismo tomó forma con Willem Pijper, figura central de la música neerlandesa, y Louis Andriessen, pionero del serialismo y el minimalismo. Su legado continúa con Michel van der Aa, compositor multimedia que explora la relación entre el hombre y la máquina. En cuanto a los directores, han adquirido renombre mundial Bernard Haitink, leyenda del Concertgebouw de Ámsterdam, y Jaap van Zweden, ahora con la Filarmónica de Nueva York. El Concertgebouw, considerada una de las mejores salas de conciertos del mundo, alberga la Orquesta Real de los Países Bajos, un referente internacional. El teatro nacional de ópera, el Muziektheater, acoge a la DNO, famosa por sus innovadoras producciones. El GrachtenFestival anima cada verano los canales de Ámsterdam con 250 conciertos, mientras que De Doelen, en Róterdam, alberga la Rotterdams Philharmonisch Orkest, de excelente reputación.

Jazz

Gracias al Festival de Jazz del mar del Norte que se celebra en Róterdam, la escena neerlandesa del jazz ha acogido a algunos de los artistas más importantes del género. Figuras como Misha Mengelberg, Han Bennink y Willem Breuker han dado forma al jazz libre y vanguardista. Hoy, Caro Emerald, Fay Claassen y Denise Jannah encarnan su influencia en la música contemporánea. En Ámsterdam, el Bimhuis es el templo del jazz moderno, mientras que el Jazz Café Alto y el Engelbewaarder ofrecen un ambiente más íntimo. En Róterdam, el Jazzcafé Dizzy y el Lantaren Venster son verdaderas instituciones.

Música contemporánea

La escena musical neerlandesa actual brilla por su diversidad: Altin Gün revisita el Anatolian rock, mientras Sevdaliza, Rimon y Thomas Azier mezclan electrónica, soul y pop experimental. El hip-hop prospera con Boef, Lil' Kleine y Ronnie Flex. Pero el país destaca especialmente en el electro: pioneros del género con Dick Raaijmakers, han visto nacer una generación de DJ y productores de fama mundial, como Legowelt, Tom Trago y Fatima Yamaha. Ámsterdam rivaliza con Berlín con sus legendarios clubes —Garage Noord, OT301— y su emblemático festival Dekmantel, escaparate de la creatividad electrónica del país.

Pintura y artes gráficas

Los primitivos flamencos

A excepción de las miniaturas de los hermanos Limbourg, autores de *Las muy ricas horas del duque de Berry,* la producción artística en las provincias septentrionales fue discreta hasta el siglo XV. Con los primitivos flamencos, la pintura al óleo sobre madera revolucionaría el arte. Jan van Eyck, activo en La Haya y luego en Brujas, introdujo el realismo y la profundidad en *La adoración del Cordero Místico* y *El matrimonio Arnolfini,* dando al gótico tardío una dimensión psicológica sin precedentes.

La gran relación que tuvieron los principales pintores flamencos con España permite hablar de un estilo hispano-flamenco: El Bosco, Rubens, Van Dyck, Pieter Bruegel el Viejo…

El Bosco y Bruegel

Jérôme Bosch (1453-1516) combinó simbolismo, fe y crítica moral en visiones fantásticas y atormentadas que fueron admiradas ya desde su época. Una de sus obras más importantes, *Juicio final,* se expone en el Museo del Prado. Influido por El Bosco y el Renacimiento italiano, Pieter Bruegel el Viejo (1525-1569) situó la naturaleza y la vida cotidiana en el centro de sus composiciones.

Rubens y el Barroco

En el siglo XVII, la prosperidad y la Contrarreforma fomentaron el desarrollo del grandioso arte barroco. Peter Paul Rubens (1577-1640) encarnó este movimiento. Formado en Italia y afincado en Amberes, exaltó la mitología, la fe y la vitalidad en una pintura rebosante de color y movimiento. Rubens, muy presente en el Museo del Prado, trabajó para los monarcas Felipe III y Felipe IV.

Rembrandt y Vermeer

Rembrandt (1606-1669) magnificó el alma humana a través del claroscuro: *La lección de anatomía, La ronda de noche* y sus autorretratos transmiten espiritualidad y emoción. Johannes Vermeer (1632-1675), por su parte, optó por la luz pura: sus escenas domésticas, como *La lechera* y *La joven de la perla,* alcanzan una rara perfección naturalista. Frans Hals (1580-1666), en Haarlem, pintó con pasión los rostros de la vida popular.

Van Gogh

Vincent van Gogh (1853-1890), genio atormentado, dio un vuelco a la pintura con la fuerza expresiva de sus pinceladas y la vivacidad de sus colores: *Los girasoles, La arlesiana, La noche estrellada…* Su obra, incomprendida en vida, fue precursora del fauvismo y el expresionismo.

De Stijl y la abstracción

Piet Mondrian (1872-1944) y Theo van Doesburg fundaron el movimiento De Stijl, que abogaba por la abstracción geométrica basada en líneas y colores primarios. Al mismo tiempo, Kees van Dongen (1877-1968) cultivó un expresionismo libre y colorista. Estas grandes tendencias se exhiben en el Stedelijk Museum de Ámsterdam y en el Boijmans van Beuningen de Róterdam.

Arte contemporáneo

Los Países Bajos de hoy siguen a la vanguardia del arte: el Kunstinstituut Melly de Róterdam, el Museo Voorlinden cerca de La Haya, y el Museo Moco (con sede en Barcelona) y el Museo Straat de Ámsterdam lideran esta vitalidad. El arte callejero, la fotografía y factorías como las de Berndnaut Smilde, Rineke Dijkstra y Mark Manders dan fe de una creatividad en constante efervescencia.

Tradiciones

Las tradiciones del país quedan perfectamente reunidas el día de la fiesta nacional, conocido como Día del Rey. En este gigantesco mercadillo, se homenajea al país con la omnipresencia de su color nacional, el naranja. El rey, que cada año visita una ciudad distinta, participa a veces en juegos históricos.

© COLLECTION OF MR. AND MRS. JOHN HAY WHITNEY – NATIONAL GALLERY OF ART

Vincent Van Gogh, Autorretrato.

FIESTAS

Enero

■ AMSTERDAM LIGHT FESTIVAL

www.amsterdamlightfestival.com
Desde hace varios años, el Festival de la Luz de Ámsterdam ilumina la capital en pleno invierno, una experiencia muy apreciada tanto por los visitantes como por los habitantes de la ciudad. Cada edición ofrece un programa variado que permite a los visitantes descubrir la ciudad desde un ángulo completamente nuevo, con obras a menudo instaladas en zonas alejadas del centro de la ciudad. Los últimos itinerarios se han alejado de los canales históricos, como el Herengracht, proponiendo una ruta más original y sorprendente. Cada instalación se ilumina todos los días de 17 a 23 horas.

Febrero

■ CARNAVAL DE MAASTRICHT

A menudo se dice que los neerlandeses son reservados y que siempre controlan lo que hacen… Para desmentir esta imagen hay un gran evento que os mostrará un perfil diferente. Nos referimos, por supuesto, al carnaval que se celebra en el sur del país, en las zonas histórica-mente católicas. Podemos mencionar, por ejemplo, el de Maastricht, pero también el de muchas otras localidades del sur. No tienen nada que envidiar al famoso carnaval de Colonia, al otro lado del Rin. El ambiente es desenfrenado y ebrio, y mucha gente aprovecha para sacar a relucir sus vistosos disfraces.

Marzo

■ TEFAF

MECC (hoofdingang – Parking P4)
MAASTRICHT; www.tefaf.com
Tefaf es la feria de arte más famosa del país. Se celebra cada año en Maastricht, la perla del sur y capital de la provincia de Limburgo. La gente viene aquí a ver obras únicas de los primitivos flamencos, pero también fotos y joyas, diseño y obras modernas y contemporáneas. Esta feria es un referente mundial y es el mayor reclamo de la ciudad. Pero si vas, deberías aprovechar también para descubrir Maastricht, que tiene multitud de tesoros maravillosos que compartir. En la feria están presentes más de 250 expositores de renombre.

Abril

■ KONINGSDAG – DÍA DEL REY

ÁMSTERDAM
Desde 2013, año en que el rey Guillermo Alejandro sucedió a su madre Beatriz, la festividad tiene lugar el 27 de abril (a menos que el 27 caiga en domingo, en cuyo caso se adelanta al sábado 26). Tradicionalmente, el rey y su familia visitan cada año un municipio diferente, dando así a esa ciudad y sus alrede-dores la oportunidad de presentarse. Pero, sobre todo, es una gran fiesta popular que transforma todo el país en un gigantesco carnaval.
La víspera se celebra la Noche del Rey (Koningsnacht), una velada festiva con

conciertos al aire libre, espectáculos callejeros y fiestas en bares. El Día del Rey propiamente dicho se prolonga durante 24 horas en un ambiente especialmente alegre y propicio a todo tipo de excesos. El naranja, el color nacional, está por todas partes: la gente se disfraza, a veces se tiñe el pelo, y todas las calles y tiendas se decoran con guirnaldas, banderas y accesorios de color naranja. Se instalan mercadillos en todos los barrios de Ámsterdam, sobre todo en el Vondelpark y el Jordaan, y se realizan conciertos en plazas emblemáticas como Museumplein, Leidseplein, Rembrandtplein y Waterlooplein.

Mayo

■ KEUKENHOF
Stationsweg, 166-A, LISSE
www.keukenhof.nl
El Keukenhof es un increíble parque floral situado cerca de Ámsterdam, entre Haarlem y Leiden, en la región de la bulbicultura. Miles de personas acuden aquí cada año (1,4 millones en 2024). Con 32 hectáreas, es el mayor parque floral del mundo. Todo el trabajo se hace con antelación, y los bulbos se plantan entre octubre y diciembre. El parque es una auténtica fiesta para los ojos, con muchos detalles que están diseñados para atraer a visitantes de todo el mundo. El Keukenhof es un museo al cielo abierto del mundo emplazado en Lisse. Una visita obligada en primavera.

Junio

■ HOLLAND FESTIVAL
Piet Heinkade, 5, ÁMSTERDAM
www.hollandfestival.nl

Fundado en 1947, es el festival de artes escénicas más antiguo y prestigioso de los Países Bajos. Cada año transforma Ámsterdam en un auténtico escenario al aire libre, combinando teatro, música, danza, ópera y artes visuales. El programa, de una calidad excepcional, acoge a artistas de todo el mundo e incluye espectáculos gratuitos abiertos a todos. Desde finales de mayo hasta finales de junio, toda la ciudad vibra al ritmo de este festival. Las entradas salen a la venta en marzo, ¡así que reserva pronto!

Julio

■ ZOMERCARNAVAL – CARNAVAL DE VERANO DE RÓTERDAM
En Róterdam tienen la costumbre de retorcer las tradiciones, y este acontecimiento es un buen ejemplo de ello. Son días dedicados a fiestas, espectáculos y teatro en un marco insólito y típicamente neerlandés. La segunda ciudad del país se transforma en un gigantesco camping. El desfile, con más de dos mil bailarines, diversas carrozas y numerosos espectáculos, es una gran explosión de color, alegría y música.

Agosto

■ FIN DE SEMANA DE MÚSICA ROMÁNTICA
Kievitslaan, 25, RÓTERDAM
weekendvanderomantischemuziek.nl
Todos los años, durante un fin de semana de verano, la ciudad acoge un festival único que atrae a los entendidos. El parque que rodea el famoso Euromast se transforma en un pintoresco escenario para hacer pícnics al aire libre en un ambiente bucólico. El festival ofrece un

programa variado que incluye música clásica romántica, popular y gitana, así como arias que hechizan. La entrada es gratuita.

Septiembre

◼ WERELDHAVENDAGEN
RÓTERDAM
www.wereldhavendagen.nl
Róterdam cuenta con uno de los mayores puertos del mundo, y gran parte de su identidad está ligada a esta vasta infraestructura. Cada año, a principios de septiembre, este emblemático acontecimiento invita a los visitantes a explorar el fascinante mundo de los puertos y del transporte marítimo. En el programa: espectáculos impresionantes, actividades variadas y visitas enriquecedoras para adultos y pequeños. Es la oportunidad perfecta para sumergirse en el mundo de la navegación, la vida portuaria y las aventuras en el mar, disfrutando al mismo tiempo de una experiencia envolvente en el corazón de la ciudad.

Octubre

◼ AMSTERDAM DANCE EVENT
ÁMSTERDAM
www.amsterdam-dance-event.nl
Ámsterdam se convierte durante unos días en la capital mundial de la música electrónica. Lo que antes era una reunión de profesionales de este género musical, ha hecho de la ciudad la meca de esta disciplina, y se ha abierto a un público más amplio: se organizan con maestría talleres, conciertos y conferencias en el corazón de Ámsterdam. El programa es muy especializado y se extiende por toda la urbe. El ADE

es un acontecimiento de talla mundial que atrae a un público internacional. Asegúrate de reservar tus entradas con suficiente antelación.

Noviembre

◼ GLOW
Stationsplein, EINDHOVEN
www.gloweindhoven.nl/nl
La capital tecnológica de los Países Bajos, cuna de la marca Philips, se transforma cada año con Glow en un auténtico espectáculo de luz. Este imperdible festival de luces atrae a multitudes entusiastas que se desplazan de edificio en edificio para admirar las espectaculares instalaciones. Cada año, las actividades giran en torno a un nuevo tema, y en ellas destacan las creaciones de artistas de renombre, así como las de jóvenes talentos de los Países Bajos y del extranjero. Glow es un acontecimiento gratuito que ofrece una deslumbrante experiencia visual.

Diciembre

◼ SAN NICOLÁS
Encaramado a su caballo, la víspera del 6 de diciembre, san Nicolás recorre el país en todas direcciones con su fiel Pedro el Negro. Y al igual que Papá Noel, reparte regalos y caramelos a los niños desde los tejados. No es una fiesta que se note si se está de paso por los Países Bajos. Para descubrir las sutilezas de esta costumbre, tendrás que conocer a los lugareños, y entonces se te abrirá un mundo maravilloso con la velada de San Nicolás, con sus *sorpresas,* los poemas rimados…

DESCUBRE

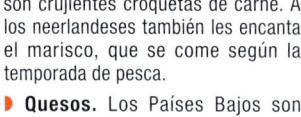

COCINA LOCAL

La cocina neerlandesa es una cocina del norte, rústica y siempre lo bastante contundente como para hacer frente al crudo frío invernal. Aunque hablar de cocina típica holandesa pueda parecer excesivo, hay algunas especialidades sencillas y tradicionales.

Productos y especialidades

Especialidades

Si quieres probar las especialidades neerlandesas, debes ir a uno de los restaurantes que exhiben el logotipo Neerlands Dis. Te servirán, a precios razonables, el *erwtensoep*, la sopa nacional de guisantes partidos, chucrut con tocino, *stamppot*, guiso de patatas con carne, o uno de los muchos platos de carne. Las *kroketten*, por ejemplo, son crujientes croquetas de carne. A los neerlandeses también les encanta el marisco, que se come según la temporada de pesca.

▶ **Quesos.** Los Países Bajos son famosos por sus quesos (¡que no son tan sosos!). Te recomendamos que pruebes el *limburgse kaas*, un queso blando de sabor más fuerte.

▶ **Postres.** Las incomparables tartas de frutas, o *limburgse vlaai*, plantearán un doloroso problema de elección a los golosos, ya que existen unas veinte versiones diferentes. Otras especialidades locales son los panes de especias de distintos sabores, incluido el delicioso pan de especias con jengibre. El café, que se bebe durante todo el día, suele acompañarse de excelentes chocolates heredados de los vecinos belgas.

¿Sabías que aquí nació el *donut* americano? Estas rosquillas mundialmente famosos aparecieron por primera vez a lo largo de los canales en el siglo XVI.

Bebidas

Los neerlandeses son grandes bebedores de cerveza, y sus cervezas no tienen nada que envidiar a las alemanas o las belgas. En la mayoría de los cafés, las cervezas de barril se sirven en jarras de medio litro (*een grote pils*). Para algo más pequeño, pide *een pils*, o incluso más pequeña: *een fluitje*.

Otra bebida tradicional es el jenever, un licor fuerte elaborado con cereales

© BONCHAN – ISTOCKPHOTO

Erwtensoep, una típica sopa de guisantes holandesa.

EL OTRO PAÍS DEL QUESO

A menudo oímos que los quesos neerlandeses son todos iguales y que no tienen mucho sabor. Esto es un grave error, aseguran los amantes del queso de este llano país, porque hay muchas variedades.

▶ **Los principales tipos de queso** son el *gouda*, el *leidse kaas* (un queso de Leiden) y el *edamer*, que procede, lo has adivinado, de la ciudad de Edam. A lo largo de los años, la batalla de los quesos la ha ganado ampliamente el *gouda*, que se distingue por sus bordes redondeados, mientras que otros quesos neerlandeses tienen bordes cuadrados. Hay muchos quesos con especias que son muy populares en el país. El queso al comino es toda una institución, y también hay quesos con ajo, con granos de mostaza, etc. El queso neerlandés puede conservarse durante mucho tiempo.

▶ **Hay dos tipos principales de queso neerlandés:** el pasteurizado y el de leche cruda, que tiene un sabor más sofisticado y se conoce como *boerenkaas*, o «queso del granjero». Este último es el que te invitamos a descubrir. El queso puede ser joven, mediano, viejo o muy viejo.

(cebada, trigo, centeno o, a veces, avena) y aromatizado con bayas de enebro. El vino es popular, pero no cuentes con la producción local: la mayoría es importado. Por último, el café es la bebida caliente preferida en el país. De hecho, los comerciantes de Ámsterdam fueron quienes lo introdujeron en Europa.

Hábitos alimenticios

El desayuno es muy copioso y a menudo se sirve en forma de bufé, lo que explica por qué los neerlandeses apenas almuerzan. A la hora de comer, suele bastarles con un bocadillo, una ración de patatas fritas aliñadas con mayonesa o un arenque fresco comido en la calle. En el mejor de los casos, se entra en un café para comer sándwiches variados, los famosos *broodjes* o *pannekoeken*, las tortitas gruesas y rellenas que tanto gustan a los neerlandeses. La cena,

que es la comida más copiosa del día, se toma muy temprano (a partir de las 6 de la tarde). Por ello, muchos restaurantes cierran pronto, aunque la tendencia, sobre todo en las ciudades, es prolongar el horario de cierre hasta las diez o incluso las once de la noche.

Alkmaar se viste de gala para su mercado.

DEPORTES Y OCIO

Fútbol

El fútbol es el deporte más popular, y la selección *oranje* brilla regularmente en la escena internacional (campeona de la Eurocopa en 1988 y finalista del Mundial en 1974, 1978 y 2010, el ganado por España). Incluso, en la década de 1970, dejaron su huella en la historia del deporte rey con su *fútbol total* y su genio Johan Cruyff, uno de los mejores jugadores de todos los tiempos. Aunque la *oranje* llegó a la final de la Copa del Mundo en dos ocasiones consecutivas (contra la RFA en 1974 y contra Argentina en 1978), el sucesor de Cruyff, Marco van Basten, con la ayuda de Ruud Gullit, John Bosman y Frank Rijkaard, conquistó el único gran título para el país en la Eurocopa de 1988. El fútbol neerlandés también ha brillado gracias a sus clubes, especialmente el Ajax de Ámsterdam, cuatro veces ganador de la Liga de Campeones y 36 veces campeón de la liga local.

Patinaje sobre hielo

El otro deporte nacional es el patinaje sobre hielo, especialidad en la que el equipo neerlandés brilla en la escena mundial. Los Países Bajos cuentan con una veintena de pistas de hielo para carreras de patinaje de fondo, donde se celebran competiciones oficiales. El Thialf Ice Arena de Heerenveen es la mayor pista cubierta del país. Las carreras suelen celebrarse aquí en un ambiente de locura, con 12 500 aficionados vestidos de naranja.

Ciclismo

El ciclismo, ¡por supuesto! Los Países Bajos son la meca del ciclismo. El país cuenta con más de veinte mil kilómetros

© NATARAJ – STOCK.ADOBE.COM

Patinaje en los canales de Ámsterdam.

En bicicleta por las islas Frisias.

de carriles bici y más de tres mil tiendas especializadas. Dice la leyenda que aquí hay incluso más bicicletas que habitantes. Hay que decir que el terreno se presta extraordinariamente bien a ello, y el país cuenta con una muy buena red de carriles bici. Pero, atención, este país tan llano puede deparar muchas sorpresas a los ciclistas, ya que el viento del suroeste suele ralentizar a los guerreros de la carretera y se necesita más potencia para poner en movimiento la *Fietsen* (la bicicleta tradicional neerlandesa).

Deportes acuáticos

▶ **Baños de mar.** Bañarse en este país es fácil, siempre que no seas friolero. En verano hay más de cincuenta playas vigiladas y seguras a lo largo de la costa del mar del Norte. Desde La Haya hasta Den Helder hay casi cien kilómetros de playas de arena fina.

▶ **Vela.** Navegar es algo natural: aquí reinan el agua y el viento. Catamarán,

windsurf, velero…: las posibilidades para elegir son amplias. Los windsurfistas y los surfistas deben saber que las condiciones del mar y del viento en la costa exigen deportistas experimentados (en el Ijsselmeer, la calma es mayor y las olas, más bajas).

▶ **Piragüismo.** Los numerosos ríos y canales son ideales para practicar este deporte.

Pesca

Los aficionados a la pesca deportiva pueden dar rienda suelta a su pasión en el mar del Norte. No se requiere licencia de pesca. Sin embargo, necesitarás las famosas VISpas para obtener autorización para pescar en determinadas aguas del litoral. También debes saber que nunca hay que organizar una salida de pesca por canales, estanques o pólderes: solo los miembros de un club de pesca del país están autorizados a hacerlo.

PERSONAJES ILUSTRES

Amalia

Nacida el 7 de diciembre de 2003, Catharina-Amalia Beatrix Carmen Victoria es la futura reina de los Países Bajos. Hija del rey Guillermo Alejandro y de Máxima, es la heredera al trono desde la coronación de su padre el 30 de abril de 2013. Su madre planteó muchas dificultades a los neerlandeses. En primer lugar, su nombre, Máxima Zorreguieta, no es fácil de pronunciar, pero, sobre todo, resultaba preocupante la participación de su padre en la dictadura de Videla en Argentina. Lo que motivó que este no fuese invitado a su boda. Máxima encandiló al mundo aprendiendo neerlandés en tiempo récord.

Dj Tiësto

Nacido en Breda en 1969, Tijs Verwest empezó a mezclar en la década de 1980 en varios clubes del país, y actualmente es uno de los DJ más conocidos del mundo y uno de los más importantes de la historia de la música electrónica. Mezcló en la presentación de los atletas en los Juegos Olímpicos de Atenas en 2004 y compuso un tema en colaboración con Coca-Cola para los Juegos de Pekín.

Max Verstappen

Nacido en Hasselt en 1997, es un piloto neerlandés de Fórmula 1 que ha marcado la historia de este deporte por su precocidad y atrevimiento. Hijo del expiloto Jos Verstappen, debutó en la F1 con tan solo diecisiete años, antes de convertirse en el campeón del mundo más joven de la historia en 2021. Desde entonces ha dominado el circuito con Red Bull Racing. Cuatro veces campeón del mundo (2021, 2022, 2023 y 2024), es ahora el orgullo de toda una nación.

Rem Koolhaas

Arquitecto estrella nacido en los Países Bajos en 1944, ha vivido en Indonesia, Londres y Nueva York. Es autor de numerosos proyectos en su país, entre ellos la ampliación del edificio del Parlamento en La Haya y el Kunsthal de Róterdam; además del Grand Palais de Lille, en Francia, y la tienda de Prada en Nueva York. En 2000 ganó el Premio Pritzker. También es el arquitecto de la ciudad vertical de Róterdam, que alberga el hotel Nhow, símbolo de la ciudad portuaria. Más recientemente, ha supervisado la disposición del Museo Stedelijk de Ámsterdam y ha diseñado la Biblioteca Nacional de Qatar (2018) y el Centro de Artes Escénicas de Taipei (2022).

Virgil van Dijk

Nacido en Breda en 1991, Van Dijk forma parte de la nueva generación de oro del fútbol neerlandés. Hijo de padre neerlandés y madre surinamesa, comenzó su carrera en el FC Groningen y luego se incorporó al Celtic FC y al Southampton. Sin embargo, es en el Liverpool donde ha venido destacando desde 2017. Es el defensa más caro de la historia y capitán de la selección neerlandesa.

VISITA

Arquitectura tradicional de Ámsterdam.
© SBORISOV - ISTOCKPHOTO.COM

HOLANDA

Holanda constituye la parte más extensa de los Países Bajos e incluye las dos ciudades más pobladas del país: Ámsterdam y Róterdam. Esta región abarca dos provincias independientes (que no se separaron hasta 1840): Holanda Septentrional (Noord-Holland), cuya capital es Haarlem, y Holanda Meridional (Zuid-Holland), con capital en La Haya. Es la región más densamente poblada del país. Su territorio se extiende desde la isla de Texel, al norte, hasta el sur de Róterdam, y desde la costa del mar del Norte, al oeste, hasta la ciudad de Utrecht, al este.

Holanda toma su nombre del condado de Holanda; el conde era, junto con el obispo de Utrecht y el duque de Güeldres, el hombre más poderoso del país, y tenía su residencia en La Haya (la espléndida Ridderzaal). La Haya siguió siendo la capital durante el periodo de la República, lo que explica que los poderes políticos sigan teniendo allí su sede en la actualidad, aunque la capital del país sea Ámsterdam. La región experimentó un auge sin precedentes en el siglo XVII.

La Edad de Oro fue el gran momento de Holanda, cuando su influencia cultural y comercial alcanzó una proyección internacional. Las industrias florecieron: la del paño y el libro en Leiden, los estudios de pintura en Leiden y Ámsterdam y, sobre todo, el próspero comercio de especias y cereales. Reinaban la tolerancia y la amplitud de miras, y Holanda se convirtió en tierra de acogida.

Estas dos provincias forman el núcleo de la identidad de Holanda, con todos los símbolos que gustan a los turistas y que han hecho famoso al país en el extranjero: molinos de viento, puestos de queso, canales y los campos de flores de Keukenhof. Holanda es el verdadero corazón económico y cultural de los Países Bajos, hasta el punto de que a menudo se confunde Holanda con el conjunto del país, y se suele llamar erróneamente holandeses a los habitantes de los Países Bajos, aunque no vivan en la región. Es importante recordar que, si bien un holandés es siempre un holandés, un neerlandés no es necesariamente holandés, ¡ni mucho menos!

ÁMSTERDAM ★★★★

Ámsterdam es una de las ciudades más coloridas de Europa. No podrás resistirte a los encantos de este gigantesco caleidoscopio de casas de colores y fragantes mercados de flores. Más que una capital, Ámsterdam es también un pueblo, prácticamente sin coches, por lo que es muy tranquilo. La ciudad ofrece multitud de atractivos sin dejar de ser pequeña, y todas las visitas pueden realizarse a pie o en bicicleta. Rica en historia, esta capital combina hábilmente lo antiguo y lo moderno. En la ciudad de los mil puentes se entremezclan monumentos arquitectónicos de la Edad de Oro, obras maestras nacidas del genio de las vanguardias holandesas y exposiciones de okupas.

Es un choque de civilizaciones que podrás disfrutar en la barra de un bar ultramoderno mientras saboreas una copa de jenever, el aguardiente nacional destilado según una tradición heredada del siglo XVII. Para completar el cuadro, seguro que te seducirá la mentalidad abierta de los holandeses. Grandes viajeros, los habitantes del país, y de Ámsterdam en particular, son curiosos y acogedores. En el corazón de Europa, ¡Ámsterdam destila aires de libertad!

■ ANNE FRANK HUIS – CASA DE ANA FRANK ★★★
Prinsengracht, 263-267
✆ +31 20 626 45 33
www.annefrank.org
Tranvías 13 y 17, autobuses 142, 170 y 172: Westermarkt.

Fue aquí donde los Frank encontraron refugio tras huir de Alemania en 1933, y donde vivieron totalmente escondidos a partir de 1941, rodeados de unos pocos amigos, entre ellos el matrimonio Van Daan, también amenazados de muerte por las redadas diarias contra los judíos. La historia de esta vida oculta, registrada día a día por la joven Ana Frank en su conmovedor diario, dio la vuelta al mundo y se convirtió en un símbolo de la inocencia asesinada. Tuvo un trágico final el 4 de agosto de 1944, cuando la familia Frank y sus compañeros de infortunio —ocho personas en total— fueron detenidos por unas denuncias anónimas y deportados a los campos de exterminio. Ana y su hermana Margot murieron de tifus en Bergen-Belsen en marzo de 1945, y solo Otto, el padre, sobrevivió. Para conmemorar este trágico destino, la casa se salvó de la demolición y permaneció en gran parte intacta, como congelada en el umbral de un momento de horror insalvable.

Abierta al público desde 1960, la casa está dividida por un patio interior, con la *voorhuis* en la parte delantera y la *achterhuis* en la trasera. En las plantas segunda y tercera de la *achterhuis,* Otto Frank instaló un escondite improvisado

VISITA

© IEHSTOCK

Canales de Ámsterdam.

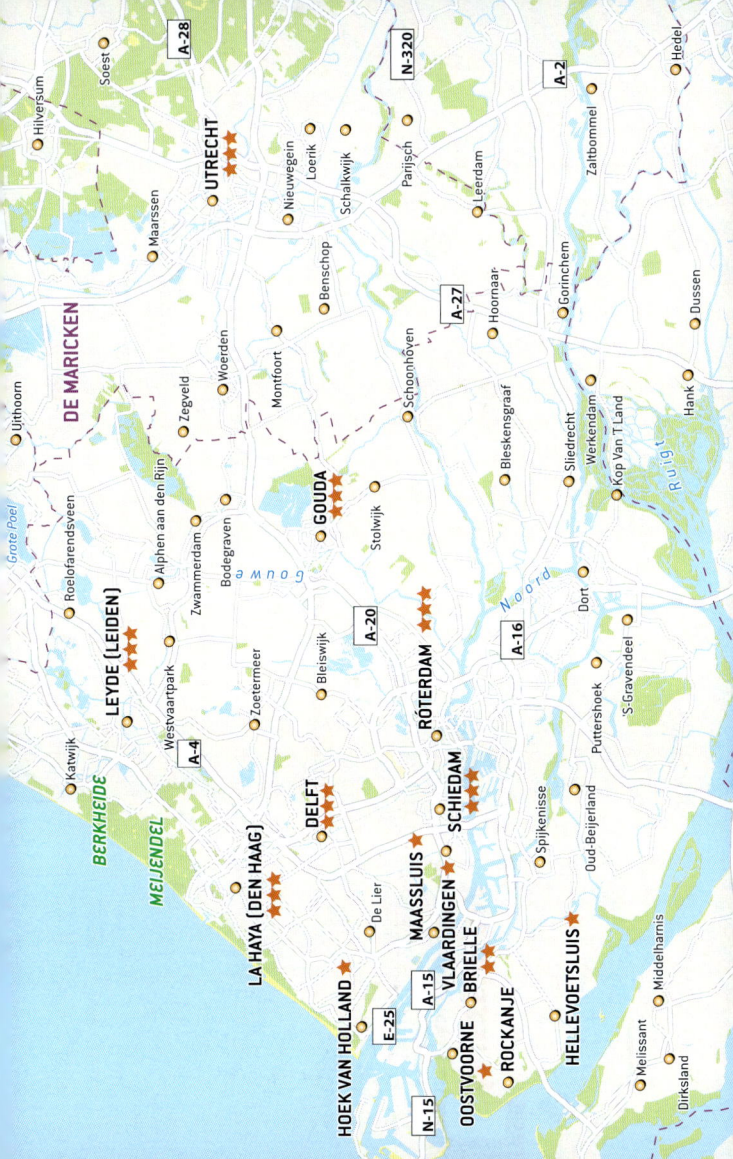

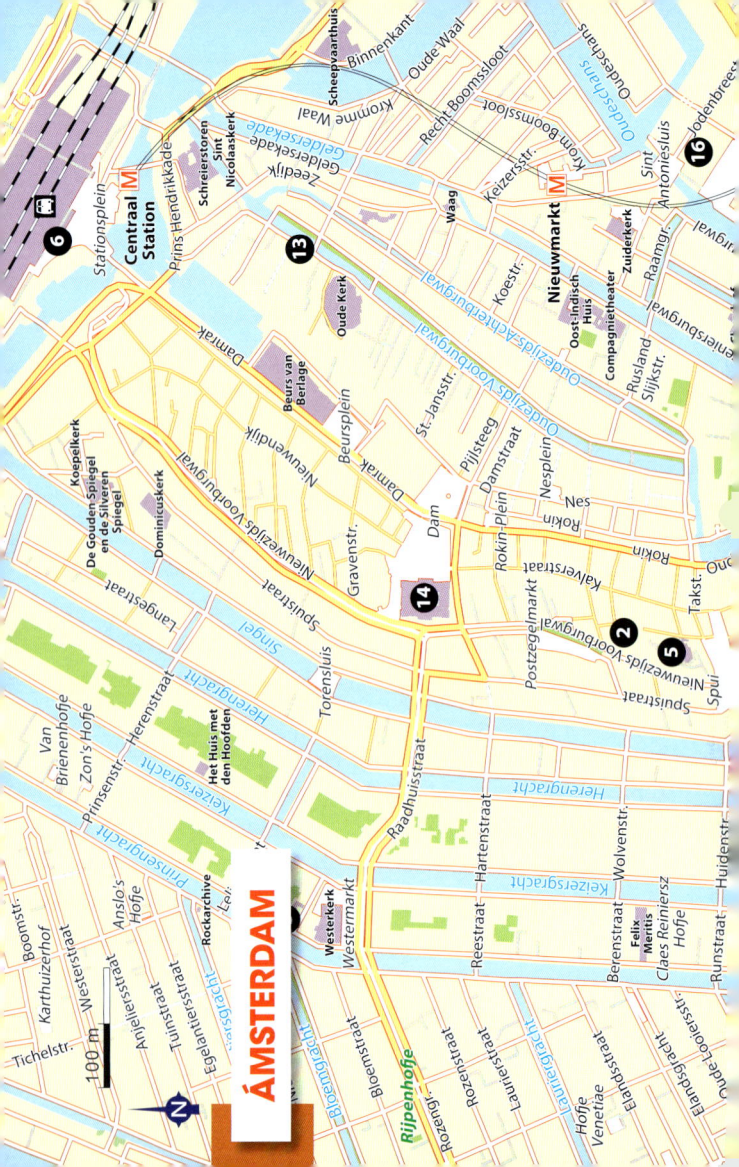

ÁMSTERDAM

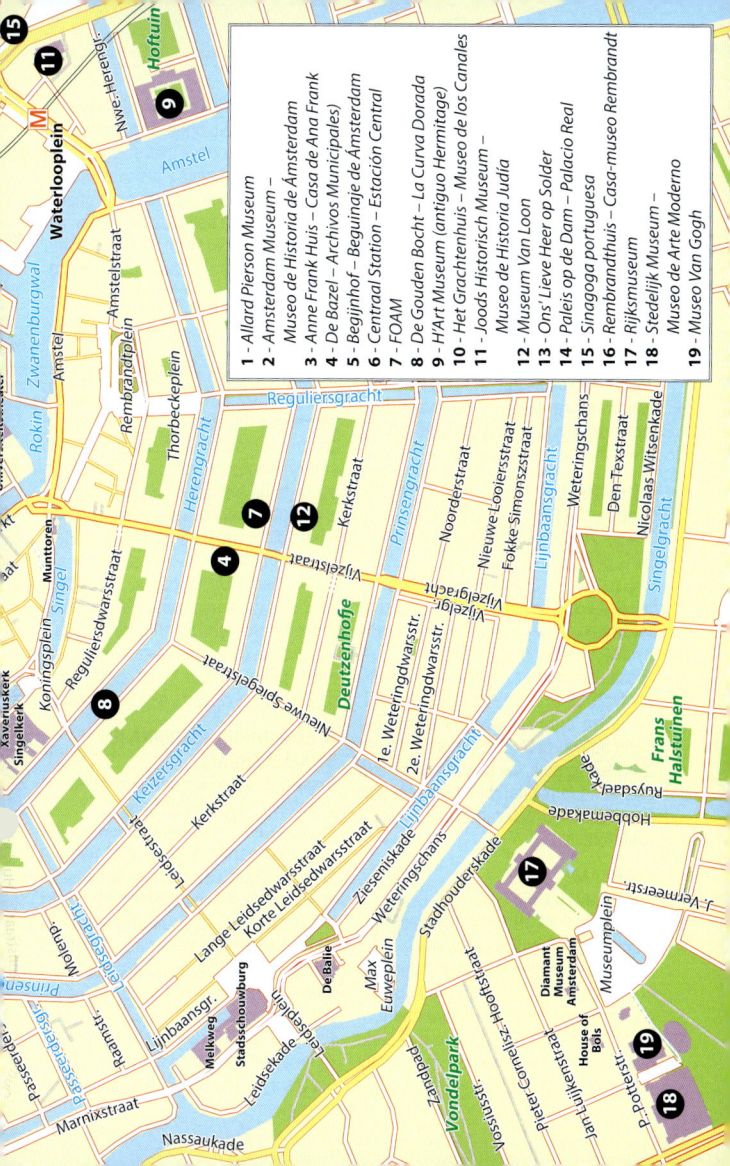

1 - Allard Pierson Museum
2 - Amsterdam Museum –
    Museo de Historia de Ámsterdam
3 - Anne Frank Huis – Casa de Ana Frank
4 - De Bazel – Archivos Municipales
5 - Begijnhof – Beguinaje de Amsterdam
6 - Centraal Station – Estación Central
7 - FOAM
8 - De Gouden Bocht – La Curva Dorada
9 - H'Art Museum (antiguo Hermitage)
10 - Het Grachtenhuis – Museo de los Canales
11 - Joods Historisch Museum –
     Museo de Historia Judía
12 - Museum Van Loon
13 - Ons' Lieve Heer op Solder
14 - Paleis op de Dam – Palacio Real
15 - Sinagoga portuguesa
16 - Rembrandthuis – Casa-museo Rembrandt
17 - Rijksmuseum
18 - Stedelijk Museum –
     Museo de Arte Moderno
19 - Museo Van Gogh

compuesto por tres habitaciones y un desván al que se accedía a través de una estantería giratoria. La absoluta desnudez del lugar refuerza la sensación de vacío y ausencia de sus últimos ocupantes. En el dormitorio de Ana Frank, sobre el descolorido papel pintado, aún pueden verse algunas fotografías de estrellas de cine recortadas de revistas de la época. La familia Van Daan vivía en el piso superior. Una pasarela, instalada después de la guerra, conduce a la casa delantera, sede de la Fundación Ana Frank para la lucha contra el racismo, que dispone de varias salas con diversos documentos y fotografías sobre este tema.

■ DE APPEL ⭐⭐
Tolstraat, 160
✆ +31 20 625 56 51
www.deappel.nl
Esta galería es una institución histórica que ha evolucionado considerablemente desde su creación en 1975. Antes situada en el centro histórico, entre dos canales, y posteriormente en el oeste de la ciudad, desde 2023 se encuentra en el Tempel, el centro cultural de Diamantbuurt. Dedicada al arte contemporáneo en todas sus formas, fue también la primera galería de la capital en interesarse por el videoarte. Organizan exposiciones y conferencias.

■ ARCAM ⭐⭐
Prins Hendrikkade, 600
✆ +31 20 620 48 78; www.arcam.nl
Tranvía 14: Plantage Lepelaan.
Inaugurado (en su ubicación actual) en 2003, Arcam es el centro de información arquitectónica de Ámsterdam. El edificio de tres plantas fue diseñado por el arquitecto René van Zuuk. Aquí podrás encontrar toda la información que necesites sobre los edificios de la ciudad y visitar exposiciones temporales. El centro también ofrece información sobre futuros retos urbanos y organiza visitas guiadas temáticas (agenda en la página web). Una visita obligada a la salida del Scheepvaartmuseum, Nemo o Artis, antes de dirigirte al barrio de Plantage.

■ DE BAZEL – ARCHIVOS MUNICIPALES ⭐⭐
Vijzelstraat, 32
www.amsterdam.nl/stadsarchief/
Inspirado en el templo indonesio de Borobudur, De Bazel impresiona por el encanto de su monumentalidad. Tras sus fachadas oscuras y macizas se esconde un interior luminoso, refinado y ricamente decorado, adornado con espléndidos frescos de estilo modernista. El edificio alberga actualmente los Archivos Municipales, verdadera memoria de Ámsterdam. Aquí podrás descubrir más de 750 años de historia a través de documentos únicos, imágenes, datos personales e historias que han dado vida a la ciudad y sus habitantes.

■ BEGIJNHOF – BEGUINAJE DE ÁMSTERDAM ⭐⭐
Begijnhof, 30; www.hetbegijnhof.nl
Tranvías 1, 2, 24 y 25: Spui.
Fundado en 1346, este *beguinaje* fue destruido varias veces por el fuego y luego reconstruido. Destaca la pequeña iglesia medieval. La casa de madera más antigua de la ciudad se encuentra en el número 34. La iglesia católica, escondida en el número 29 desde 1665, frente a la iglesia anglicana, se puede visitar los domingos por la mañana, durante la misa. Es un lugar sublime que no deja indiferente a nadie. Cuando lo visites, baja la voz (para la tranquilidad de los lugareños).

■ **DE BURCHT –
LA FORTALEZA** ⭐⭐

Henri Polaklaan, 9
✆ +31 20 624 11 66
www.deburcht.org
Tranvías 9 y 14: Plantage Kerklaan.
A dos pasos del zoo, la fortaleza de Berlage es otra obra emblemática del arquitecto de la Bolsa, Hendrik Petrus Berlage. Construido a principios del siglo XX para albergar el sindicato del diamante dirigido por Henri Polak, el edificio recuerda un mini castillo o una iglesia totalmente de ladrillo. El interior, una auténtica sorpresa para los visitantes, destaca por sus colores —variaciones de amarillos y azules—, su escalera monumental y sus originales lámparas de araña.

■ **ESTACIÓN CENTRAL** ⭐⭐⭐⭐

Amsterdam Central, Stationplein, 9
✆ +31 20 344 50 74; www.ns.nl
La estación central de Ámsterdam es uno de los edificios más emblemáticos de la ciudad. Fue construida entre 1881 y 1889 según los planos del arquitecto P. H. Cuypers, quien también diseñó el Rijksmuseum. Fue la primera estación holandesa diseñada por un arquitecto de renombre. Se construyó sobre tres islas artificiales apoyadas sobre casi nueve mil pilotes, lo que permitió cerrar el puerto y evitar al mismo tiempo que las líneas de ferrocarril atravesaran la ciudad. Sus dos torres pretendían hacer de la estación una nueva puerta de entrada a Ámsterdam. Sin embargo, la estación pronto se quedó pequeña, lo que dio lugar a numerosas ampliaciones a lo largo de los años. Ahora, en plena transformación, muestra poco a poco su nueva cara. No te pierdas los dos impresionantes aparcamientos subterráneos para bicicletas y el magnífico túnel que conduce a la orilla norte, decorado con azulejos de Delft. La parte trasera del edificio, antaño famosa por su ambiente de bajos fondos, se ha transformado en una auténtica puerta de entrada a los barrios del norte de la ciudad, con una zona de tráfico y un flamante muelle de madera. Las galerías comerciales también merecen una visita.

Beguinaje de Ámsterdam.

■ EYE – FILMOTECA NEERLANDESA

IJpromenade, 1

✆ +31 20 5891 400; www.eyefilm.nl

Acceso a la estación central con el ferry Buiksloterweg. Travesía (gratuita) cada 5 minutos durante el día y cada 10 minutos por la noche.

Eye, la filmoteca neerlandesa, ocupa un edificio que en el breve espacio de una década se ha convertido en un clásico moderno, marcando una nueva era para esta ribera antaño descuidada. El edificio, una auténtica joya arquitectónica diseñada por el estudio vienés Delugan-Meissl, se asemeja a una nave espacial de formas atrevidas y perspectivas variadas. Cuenta con cuatro salas de cine, cada una con una temática y una decoración únicas, y con una sala de exposiciones de más de 1200 m^2, donde se celebran cuatro exposiciones temporales al año. Eye alberga una rica colección de 46 000 películas, 500 000 fotos y 41 500 carteles, así como guiones y archivos diversos. El museo organiza regularmente festivales y actividades temáticas, y se ha convertido en un monumental punto de referencia de la ciudad.

■ FABRIQUE DES LUMIÈRES ⭐⭐

Pazzanistraat, 37

www.fabrique-lumieres.com

Este centro de arte digital inaugurado en 2022 está situado en la antigua fábrica de gas Westergasfabriek. Diseñado siguiendo el modelo de los magníficos Carrières des lumières de Baux-de-Provence y el Atelier des Lumières de París, los visitantes acuden aquí para disfrutar de un impresionante espectáculo inmersivo. El sonido, las luces… todo está pensado para ofrecer un espectáculo totalmente envolvente que se puede

disfrutar recorriendo varias partes de la sala o desde una plataforma. Las exposiciones varían a lo largo del año.

■ DE GOUDEN BOCHT – LA CURVA DORADA ⭐⭐⭐⭐

Herengracht, 469-483

Así se llama la parte más prestigiosa del Herengracht, el canal de los Señores, situado entre Leidsestraat (una agradable calle comercial) y Vijzelstraat. Fue en este tramo curvo del canal donde se instaló la burguesía adinerada, las riquísimas familias de mercaderes, durante la Edad de Oro (en el siglo XVII), y donde construyeron suntuosas mansiones, obras de grandes arquitectos, que aún hoy son testimonio de la prosperidad de antaño.

En los números 475 y 476 se encuentra la Huis van Neuville, la mansión más bella del canal y de la ciudad. En los números 516 y 518 del canal se alza un imponente almacén llamado Harmonie. En el número 497 se halla el encantador Kattenkabinet. El soberbio edificio del número 502 es la casa de la alcaldesa, Femke Halsema. El Instituto Goethe también se encuentra en este canal, en el número 470.

■ DE HALLEN ⭐⭐⭐

Hannie Dankbaar Passage, 33

www.dehallen-amsterdam.nl

Estos almacenes ocupan la antigua cochera de tranvías rehabilitada, que casi instantáneamente se convirtieron en un nuevo clásico imprescindible de la capital. El complejo incluye restaurantes, un cine, una biblioteca y un mercado de alimentos cubierto, el Foodhallen. Es un lugar popular tanto para turistas como para locales y un auténtico espacio de cultura y vida para los habitantes de Amstelloden, especialmente cuando se instalan los mercados artesanales de fin de semana.

■ H'ART MUSEUM ★★

Amstel, 51; ✆ +31 20 530 87 55
www.hartmuseum.nl
Antiguamente era el Hermitage de Ámsterdam, pero tras romper sus lazos con Rusia a raíz de la invasión de Ucrania, este museo vivió una reinauguración en 2023 con el nombre de H'ART Museum. Se devolvieron las colecciones cedidas y la institución se reinventó en torno a un nuevo concepto: «Great Art Sparks Hearts», un museo abierto a grandes colaboraciones internacionales. H'ART trabaja ahora con el Centro Pompidou de París, el Museo Británico y la Smithsonian Institution. El edificio también alberga otros dos museos: el Museo de la Mente y el Amsterdam Museum aan de Amstel.

■ HET SCHEEPVAARTMUSEUM – MUSEO MARÍTIMO ★★

Kattenburgerplein, 1
✆ +31 20 523 22 22
www.hetscheepvaartmuseum.nl
Tranvías 9 y 14: Plantage Kerklaan. A 15 minutos a pie de la estación central. El Scheepvaartmuseum se encuentra en el Arsenal, uno de los mayores edificios de los siglos XVI y XVII, la etapa de la Edad de Oro del país. Construido en 1656, este almacén sirvió en su día para guardar el equipamiento de la flota militar neerlandesa. Hoy, este magnífico edificio de piedra blanca, situado sobre el agua, alberga una de las colecciones de historia marítima más importantes del mundo, que incluye globos terráqueos, pinturas y maquetas de barcos. El museo presenta regularmente exposiciones originales que exploran los estrechos vínculos entre los Países Bajos y el mar, al tiempo que revelan algunos de los aspectos menos gloriosos de aquella época, como el papel del país como colonizador, un tema que aún se debate hoy en día.
En el exterior está amarrado el *Ámsterdam,* réplica de un barco de la Compañía de las Indias Orientales (VOC). Este magnífico barco de tres mástiles, reconstruido por voluntarios a partir de un pecio, acoge a veces recreaciones históricas.

■ HOLLANDSCHE SCHOUWBURG – TEATRO HOLANDÉS ★★

Plantage Middenlaan, 24
✆ +31 20 531 03 40; www.jck.nl
Originalmente un teatro y un lugar de entretenimiento en el barrio judío, el Hollandsche Schouwburg se utilizó entre 1942 y 1943 como centro de deportación de la población judía de los Países Bajos. Solo se conserva la fachada del edificio. Hoy es un monumento a todas las víctimas del Holocausto: la capilla del jardín conmemorativo contiene los nombres de 6700 familias judías víctimas de la guerra, que representan a las 104 000 víctimas neerlandesas de la Segunda Guerra Mundial.

■ HORTUS BOTANICUS ★★

Plantage Middenlaan, 2a
✆ +31 20 625 90 21
www.hortus-botanicus.nl
Tranvías 9 y 14: Plantage Kerklaan.
En este jardín botánico encontrarás algunas de las plantas y árboles más raros del planeta, incluida una impresionante colección de palmeras de todos los continentes, así como un mariposario. Es una delicia visitar el jardín, sobre todo en un día despejado, descansando de vez en cuando en sus exuberantes y verdes

VISITA

praderas. En 2025 reabrió sus puertas el nuevo Invernadero climático, un invernadero sostenible que explica el vínculo esencial entre biodiversidad y clima.

■ JOODS HISTORISCH MUSEUM – MUSEO DE HISTORIA JUDÍA

Nieuwe Amstelstraat, 1
✆ +31 205 31 03 10; www.jck.nl
Metro 51, 53 y 54: Waterlooplein.
Tranvías 9 y 14: Waterlooplein.
Ámsterdam cuenta con uno de los mejores museos de Europa dedicados a la historia de las comunidades judías. Desde 1987 está admirablemente ubicado en el corazón de una red de cuatro sinagogas asquenazíes unidas por una estructura moderna y transparente. Estas cuatro sinagogas, o *Sjoels,* se construyeron para cubrir las necesidades de la numerosa comunidad judía de la época, entre 1670 y 1752, y sirvieron como lugares de oración, estudio —*Sjoel* deriva de la palabra yiddish *shul* (escuela), en referencia al estudio de la Torá— y reunión hasta 1943. La Grote Sjoel (o gran sinagoga), construida en 1670, recuerda estructuralmente a un templo protestante. Muy cerca, la Drittsjoel (o tercera sinagoga) se erigió en 1700, mientras que la segunda, la Obbene Sjoel, data de 1686; la más reciente, la Neie Sjoel (o nueva sinagoga), se inauguró en 1752. Hoy en día, en un marco suntuoso y digno, albergan un gran número de objetos cotidianos, decorativos y religiosos, así como una considerable colección de documentos y fotografías que trazan la historia de esta comunidad antaño floreciente, que fue literalmente exterminada bajo la ocupación alemana. Con frecuencia, organizan exposiciones temporales muy interesantes.

■ KARTHUIZERHOFJE

Karthuizersstraat, 89-171
Tranvías 3 y 5: Marnixplein.
Este *hofje* (casas de beneficencia alrededor de un patio) fue construido en 1650 en el emplazamiento de un claustro por orden de ricos comerciantes. Fue diseñado por Daniël Stalpaert, arquitecto oficial de la ciudad. Es quizás el mejor ejemplo de *hofje* de Ámsterdam, con sus dos jardines que destilan calma y serenidad. Antiguo hogar de viudas, ahora está reservado al alquiler público. Recuerda ser discreto y mantener un tono de voz bajo para garantizar la tranquilidad del lugar.

■ MAGERE BRUG

Kerkstraat
El Magere Brug es sin duda el edificio más conocido de la ciudad, representado en numerosos recuerdos y postales. Su nombre, «puente flaco», procede de su pasado: en 1670 era un puente muy estrecho y frágil. Hoy es un puente basculante que une las dos orillas del río Amstel en la Kerkstraat. Se levanta varias veces al día para permitir el paso de los barcos. Equipado con 1800 luces LED, resulta especialmente romántico por la noche. Dato curioso: fue inmortalizado en la película de James Bond *Diamantes para la eternidad*.

■ MICROPIA

Artisplein; Plantage Kerklaan, 36-38
✆ +31 20 52 33 671
www.micropia.nl
Tranvía 9 desde la estación central, parada Plantage Middenlaan.
Situado junto al Artis, Micropia es un museo sorprendente, dedicado por entero a los microbios. Sumerge a grandes y pequeños en el fascinante —y a veces

© NOMADKATE - SHUTTERSTOCK.COM

Hortus Botanicus.

aterrador— mundo de lo infinitamente pequeño. Moderno y divertido, la visita es cautivadora, con exposiciones impresionantes, especialmente para los visitantes más jóvenes. Este lugar único causa sensación desde hace varios años, ya que ofrece una experiencia original donde lo invisible se hace visible. Inevitablemente, saldrás más informado y con una nueva perspectiva del mundo microscópico.

■ GALERÍA MOOOI ⭐⭐
Utrechtsestraat, 145-147
✆ +31 20 528 77 60
www.moooi.com
Nos encontramos en una impresionante boutique-galería donde se exhiben las colecciones de la marca holandesa Moooi, incluidas varias creaciones del célebre diseñador iconoclasta neerlandés Marcel Wanders. En un espacio luminoso y elegante, se exhibe un ecléctico surtido de objetos fascinantes: muebles modernos e insólitos, piezas suecas antiguas, artilugios japoneses y libros Taschen. Aunque no hagas ninguna compra, esta visita te llenará de inspira-

ción para decidir qué llevarte a casa, ¡lo cual ya vale la pena de por sí!

■ MUSEO HET SCHIP ⭐⭐
Oostzaanstraat, 45
✆ +31 20 418 28 85; www.hetschip.nl
Terminal del autobús 22 (Zaanstraat).
Het Schip es uno de los mejores ejemplos de la arquitectura de la Escuela de Ámsterdam. Diseñadas por Michel de Klerk, estas viviendas son auténticos palacios para los trabajadores. Una visita a este museo te permitirá conocer una antigua oficina de correos y una vivienda obrera renovada. Su nombre procede de su forma (*schip* significa «barco»). El museo también organiza visitas guiadas en inglés a las Scheepvaarthuis, donde hoy se halla el Grand Hotel Amrâth, otro ilustre ejemplo de este movimiento arquitectónico.

■ MUSEO VAN LOON ⭐⭐
Keizersgracht, 672
✆ +31 20 624 52 55
www.museumvanloon.nl
Tranvía 4: Keizersgracht.

Esta magnífica residencia burguesa fue construida en 1672 según los planos del famoso arquitecto Adriaan Dortsman. Desde el siglo XIX es propiedad de la familia Van Loon, uno de cuyos miembros contribuyó a fundar la Compañía Holandesa de las Indias Orientales en 1602. En su interior hay ocho habitaciones decoradas con gusto al estilo Luis XV, con numerosas obras de arte, entre ellas varios retratos. El jardín es soberbio y los antiguos establos se utilizan para exposiciones temporales.

■ MUSEO DE LA CIENCIA NEMO

Oosterdok, 2
✆ +31 20 531 32 33
www.nemosciencemuseum.nl
Autobús 22, parada Kadijksplein. Alternativamente, a 15 minutos a pie de la estación central.

Este emblemático museo es conocido sobre todo por su espectacular arquitectura. Semejante a la gigantesca proa de un barco verde, fue diseñado por el arquitecto Renzo Piano para albergar el Museo de Ciencia y Tecnología. Con cinco plantas, ofrece un espacio moderno y divertido donde los visitantes pueden explorar diversas áreas de la ciencia a través de experimentos interactivos. Aunque puedes encontrar un poco limitada la oferta de actividades en comparación con otros museos similares de Europa, el NEMO es muy interesante y está en constante evolución. Su *rooftop* alberga un agradable espacio verde donde se puede disfrutar de una bebida.

■ OERSOEP

Beurspassage
Una fascinante pieza de arte urbano de libre acceso que ha surgido en el hipercentro de la capital, perdida entre las anodinas calles. Oersoep (sopa primordial) es el símbolo de la renovación del centro de Ámsterdam. El dúo Arno Coenen e Iris Roskam (que diseñaron el increíble techo del Markthal de Róterdam) ha creado una oda única a los canales y a la rica historia de la ciudad. Con sus materiales ilustres y su ilimitada fuerza fotogénica, este pasadizo cubierto será sin duda aún por mucho tiempo la comidilla de la ciudad. Es difícil definir con palabras su belleza visual única.

■ ONS' LIEVE HEER OP SOLDER

Oudezijds Voorburgwal, 38
✆ +31 20 624 66 04; www.opsolder.nl
Tranvías 1, 2, 5, 13 y 17: Centraal Station.

Justo en el corazón del barrio rojo, esta mansión del siglo XVII alberga en el ático una iglesia clandestina extraordinariamente bien conservada. Muchos católicos, perseguidos por los protestantes, acudían aquí a celebrar culto en el siglo XVII con la ayuda del propietario del edificio, Jan Hartman, un rico comerciante de la ciudad. Símbolo de tolerancia *made in NL*, desprende una atmósfera solemne. Es un gran lugar para visitar y volver a visitar.

■ PALEIS OP DE DAM – PALACIO REAL

De Dam; Paleisstraat
✆ +31 20 620 40 60
www.paleisamsterdam.nl
Tranvías 4, 9, 16 y 24: Dam.

Este imponente palacio fue construido por Jacob van Campen en el siglo XVII como ayuntamiento de la ciudad. Ahora pertenece a la Corona y sirve de residencia real. También se utiliza para recepciones oficiales y para las visitas de jefes de Estado. La visita es magnífica: pueden verse todas las salas importantes, el extraordinario mobiliario estilo imperio, las obras de arte, las esculturas... a la vez que se descubre la historia del lugar.

■ REMBRANDTHUIS – CASA MUSEO REMBRANDT ★★★

Jodenbreestraat, 4
✆ +31 20 520 04 00
www.rembrandthuis.nl
Tranvías 9 y 14: Waterlooplein.

En esta encantadora casa vivió Rembrandt entre 1639 y 1658, probablemente los años más ricos de su vida desde el punto de vista artístico. Llegado a Ámsterdam nueve años antes, Rembrandt ya se ganaba bien la vida cuando, a la edad de 33 años, decidió comprar esta casa en el corazón del barrio judío, por la entonces considerable suma de 13 000 florines. Su hijo Titus nació aquí en 1641, y su esposa Saskia Uylenburgh murió un año después. En 1656, Rembrandt, arruinado y obligado a pagar numerosas deudas, vendió sus posesiones y luego la casa antes de trasladarse al barrio de Jordaan.

La casa, construida en 1606, se amplió con un piso más en 1633 y se remató con un soberbio frontón triangular. Contiene 250 grabados, que suponen casi toda su obra grabada, así como cuatro planchas de cobre. Las obras están repartidas entre las distintas salas y clasificadas por géneros: escenas bíblicas, autorretratos (la mayoría realizados en Leiden), vistas de Ámsterdam y sus alrededores, retratos de bolsillo y desnudos a partir de modelos. También se pueden admirar cuadros de autores contemporáneos y de alumnos de Rembrandt, así como algunos de Pieter Lastman, por quien

Rembrandt sentía el mayor respeto. También hay una demostración diaria de sus técnicas pictóricas.

■ RIJKSMUSEUM ★★★★

Museumstraat, 1
✆ +31 20 674 70 00
www.rijksmuseum.nl

El Rijksmuseum es realmente una de las joyas culturales de Ámsterdam, tanto por su incomparable colección como por el esplendor de su arquitectura restaurada. Tras más de diez años de minuciosos trabajos, este icono cultural de los Países Bajos reabrió sus puertas en abril de 2013, en una ceremonia presidida por la reina Beatriz, en la que fue una de sus últimas apariciones en público como soberana. Este museo, a veces denominado «el verdadero museo de la historia de los Países Bajos», es de visita inexcusable si se viaja a Ámsterdam. Para aprovecharlo al máximo, te recomendamos que pases allí al menos cuatro horas, o incluso un día entero.

VISITA

© STÉPHAN SZEREMETA

Jardín esculpido del Museo Van Loon.

El Rijksmuseum propone un fascinante recorrido por la historia y el arte neerlandeses desde la Edad Media hasta el siglo XX, en un marco internacional. La colección, repartida en cuatro plantas, cuenta con más de ocho mil obras entre pinturas, dibujos y grabados, además de objetos históricos como platería, porcelana de Delft, muebles y artefactos diversos. Esta variedad permite una inmersión total en la belleza del arte y el patrimonio cultural neerlandeses, en un entorno magníficamente restaurado. De hecho, las obras de renovación han dejado al descubierto unos espléndidos techos ornamentados que añaden esplendor al lugar y lo convierten en uno de los mejores museos del mundo. Las exposiciones temporales completan la visita, ya de por sí rica en obras excepcionales.

■ RIJKSMUSEUMTUINEN – JARDINES DEL RIJKSMUSEUM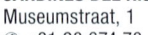

Museumstraat, 1
✆ +31 20 674 70 00
www.rijksmuseum.nl
Estos jardines son una verdadera joya. Renovados según los planos de Pierre Cuypers, incluyen diversos estilos hortícolas y elementos arquitectónicos del pasado. Hay un invernadero del siglo XIX con verduras olvidadas, y un parque infantil con módulos históricos del arquitecto holandés Aldo van Eijck. Pero lo más destacado es el «laberinto acuático» diseñado por el arquitecto danés Jeppe Hein. Los jardines albergan varias exposiciones de esculturas de gran interés.

■ SCHEEPVAARTHUIS – CASA DE LA NAVEGACIÓN

Prins Hendrikkade, 108
www.hetschip.nl
Tranvías 4, 9, 16 y 24: Centraal Station.

Este impresionante edificio cercano a la estación fue el primer monumento representativo de la Escuela de Ámsterdam, construido según los diseños de J. van der Mey. Está repleto de referencias al glorioso pasado de los Países Bajos, y sus sublimes vidrieras y la escalera bien merecen una visita. Las vidrieras y la carpintería enaltecen el pasado marítimo de los Países Bajos. Un lugar único que no debes perderte. Visita guiada en inglés disponible previa reserva.

■ SPIEGELKWARTIER

Spiegelgracht
www.spiegelkwartier.nl
El Spiegelkwartier es un famoso barrio que se halla a un tiro de piedra del Rijksmuseum. Aquí encontrarás varias calles repletas de tiendas de arte, moda y tesoros. Todas están ubicadas en magníficas casas típicas. Basta con cruzar el puente frente al Rijksmuseum para entrar en el corazón del barrio de las antigüedades. Relojes antiguos, joyas, lámparas modernistas, cristal de Delft, antigüedades y mucho más. En los últimos años, la zona se ha enriquecido con boutiques de estilo *hipster* (de comida y moda) que no hay que perderse.

■ STEDELIJK MUSEUM – MUSEO DE ARTE MODERNO

Museumplein, 10
✆ +31 20 573 29 11
www.stedelijk.nl
Tranvías 2 y 5: Van Baerlestraat.
Renovado, vestido de blanco y ampliado (con una sorprendente construcción conocida como «la Bañera») por el arquitecto Mels Crouwel, el Stedelijk Museum es un lugar emblemático de Ámsterdam que te recomendamos visitar. En la actualidad, atrae a los visitantes tanto por su

atrevida arquitectura moderna como por las obras maestras que contiene. Está situado justo al lado del Museo van Gogh y ocupa un vasto edificio neorrenacentista construido en 1895, al que se añadió un ala en 1954. Cuenta con una impresionante colección de obras de finales del siglo pasado y, sobre todo, de principios del siglo XXI. La colección se enriquece constantemente con nuevas adquisiciones, lo que convierte al museo en un auténtico laboratorio de la producción artística contemporánea y en un instituto vivo de arte contemporáneo, con el objetivo declarado de reflejar todas las tendencias gráficas y pictóricas del momento. Acoge cada año más de treinta exposiciones diferentes, lo que hace inútil cualquier intento de describirlas aquí. Sin embargo, los nombres de los artistas hablan por sí solos. Desde los pintores modernos europeos y neerlandeses (Braque, Cézanne, Chagall, Dufy, Ernst, Gestel, Léger, Isaac Israëls, Mondrian y Picasso) hasta el Action Painting americano (De Kooning, Pollock…). Los expresionistas alemanes, con su estilo anticonformista y pacifista, están bastante bien representados (Kokoschka, Kandinsky, Campendonck…), al igual que el grupo Cobra, con su gusto por la muerte y el caos. El cinetismo, el arte pop, el constructivismo y el expresionismo lírico neerlandés también están en la lista. En definitiva, se trata de pintura moderna, es decir, política y comprometida, violenta y saludable. La sobriedad del local refuerza el carácter militante de las obras expuestas.

▶ **La colección permanente del museo se articula en torno a tres ejes principales,** que presentan tanto a clásicos modernos como a artistas menos conocidos: *Yesterday Today* (la colección hasta 1950), *Everyday, Someday and Other Stories* (la colección entre 1950 y 1980), y *Tomorrow Is a Different Day* (la colección entre 1980 y la actualidad).

■ **SINAGOGA PORTUGUESA** ⭐⭐
Mr. Visserplein, 3
✆ +31 20 5310380; www.jck.nl
Tranvías 9 y 14: Mr. Visserplein.
Erigida en 1675, esta enorme sinagoga es un espectacular edificio de piedra que sigue en uso hoy en día. Su construcción fue encargada por judíos de España y Portugal que habían huido de sus países debido al acoso de la Inquisición. El edificio, orientado hacia el templo de Jerusalén, está iluminado mediante grandes y magníficas claraboyas. El interior no ha cambiado desde el siglo XVII: no hay calefacción ni electricidad, solo arena en el suelo para evitar la humedad y velas para calentarse. Una visita obligada, porque la atmósfera de este lugar es intemporal.

■ **MUSEO VAN GOGH** ⭐⭐⭐⭐
Museumplein, 6
✆ +31 20 570 52 00
www.vangoghmuseum.nl
Tranvías 2 y 5: Hobbemastraat.
Los habitantes de Amstelloden decidieron, lógicamente, rendir homenaje a Vincent van Gogh, y le dedicaron este soberbio museo, construido en 1973. Sobrio, moderno y transparente, alberga unos doscientos cuadros del artista (casi una cuarta parte de su producción total) y más de quinientos dibujos y bocetos, así como diversos documentos y objetos que le pertenecieron. Ninguna otra colección ofrece una visión tan completa de la obra de este pintor, que produjo cientos de lienzos en pocos años.

No todas las obras expuestas tienen el mismo valor, pero están dispuestas respetando la evolución artística de Van Gogh. Una biblioteca, cuyos archivos desgraciadamente no están abiertos al público, contiene más de setecientas cartas de la extensa correspondencia que el artista intercambió especialmente con su hermano Theo. El museo también expone varios lienzos de pintores de la misma época, lo que da una idea bastante precisa del universo artístico y cultural de Van Gogh.

■ VONDELPARK

www.hetvondelpark.net
El Vondelpark (48 hectáreas) fue diseñado por el arquitecto paisajista L. D. Zocher y lleva el nombre de Joost van den Vondel, el famoso poeta neerlandés. Es un agradable parque con pequeños estanques, que se puede visitar en bicicleta o a pie. Hay una estatua (de Picasso), un teatro al aire libre, un pabellón café-restaurante y estudios de televisión y radio. Su rosaleda (*rozentuin*) cuenta con setenta tipos de rosas. Es un lugar multigeneracional: en cuanto hace buen tiempo, turistas y locales se lanzan al césped.

■ VERZETSMUSEUM – MUSEO DE LA RESISTENCIA ⭐⭐

Plantage Kerklaan, 61
✆ +31 20 620 25 35
www.verzetsmuseum.org
Este museo recorre la historia de la Segunda Guerra Mundial y de la ocupación alemana de los Países Bajos a través de fotografías, películas, fragmentos sonoros y, sobre todo, de 130 relatos individuales. Es un enfoque inmersivo que permite revivir este periodo histórico a través de los ojos de quienes

lo vivieron. La exposición provoca la reflexión sobre complejas cuestiones morales: *¿Qué habrías hecho tú en su lugar?* Una sección dedicada a los niños, RM Junior, ofrece un contenido más accesible a los visitantes más jóvenes.

■ VROLIK MUSEUM

Meibergdreef, 15
✆ +31 20 566 49 28
www.museumvrolik.nl
Metro 50 o 54, parada Holendrecht.
Situado fuera del centro de la ciudad, en el recinto de la Facultad de Medicina del hospital AMC, este museo del cuerpo humano alberga una impresionante colección de embriones y especímenes anatómicos. La colección fue reunida por el profesor Gerardus Vrolik (1775-1859) y su hijo Willem Vrolik (1801-1863). En constante expansión, el museo contiene actualmente más de diez mil especímenes, incluidos siameses, cíclopes y 150 especímenes con malformaciones congénitas. Una visita fascinante, pero no recomendada para niños sensibles o futuros padres.

■ WERELDMUSEUM AMSTERDAM ⭐⭐⭐

Linnaeusstraat, 2
✆ +31 88 0042 800
amsterdam.wereldmuseum.nl
Rebautizado como Museo del Mundo, y en cooperación con otros tres museos similares de los Países Bajos, el antiguo Museo de los Trópicos ocupa un gran edificio que fue la sede del Instituto Colonial Neerlandés. Hoy presenta una impresionante colección sobre las antiguas colonias, pero desde una perspectiva moderna. La exposición permanente recrea aldeas modelo en su contexto cultural, y cuenta con sesiones

© JAN VAN DER WOLF – SHUTTERSTOCK.COM

Rijksmuseum.

fotográficas y documentos sonoros. Una visita a menudo olvidada por los turistas.

■ ZUIDERKERK – IGLESIA DEL SUR ★★

Zuiderkerkhof, 72
✆ +31 20 308 03 99
https://zuiderkerkamsterdam.nl
Metro 51, 53 y 54: Nieuwmarkt.
Tranvías 4, 16, 24 y 25: Dam.
En 1578, Ámsterdam, entonces católica, se convirtió en una ciudad reformada.

Todas las iglesias católicas pasaron a ser protestantes y, en el siglo XVII, los calvinistas erigieron cuatro iglesias en las cuatro esquinas de la ciudad.
La iglesia del Sur, diseñada entre 1603 y 1611 en estilo renacentista por Hendrick de Keyserest, es la primera construida para el culto protestante. Adquirida por el ayuntamiento en 1968, hoy en día es una sala destinada a la organización de eventos privados.

■ HOLANDA SEPTENTRIONAL ■

Esta provincia es probablemente la que mejor representa la Holanda histórica y la que mejor conserva las tradiciones que tanto atraen a los visitantes. Magníficos museos en Haarlem o Enkhuizen, molinos de viento, el colorido encanto de los campos de flores…, pero también pueblos congelados en el tiempo y playas idílicas. Si de verdad quieres entender Holanda, no dudes en salir de Ámsterdam y emprender una excursión.

HAARLEM ★★★★

La capital administrativa de Holanda Septentrional tiene unos 160 000 habitantes. Dos palabras resumen la identidad de esta ciudad de clase media, una especie de suburbio *chic* de Ámsterdam: lujo y serenidad. Haarlem debe su desarrollo a dos actividades prestigiosas y tradicionales: el cultivo de plantas bulbosas y la industria textil. La localidad está llena de pequeños remansos de paz escondidos, conocidos como *hofjes*, casas que rodean un patio interior repleto de flores en verano, y con antiguas instituciones benéficas. Haarlem es la capital del tulipán, cuyos campos, que florecen en primavera, se extienden a las puertas de la ciudad desde el siglo XVII.

■ 37K

Groot Heiligland, 37
☏ +31 23 551 84 32; www.37pk.nl
Este innovador local se encuentra en la sala Zanderzaal del antiguo Groote Gasthuis u hospital Sint Elisabeth (1925). Es un centro de actividades artísticas que está detrás del evento bienal conocido como las Jornadas del Cómic de Haarlem. Se trata de un espacio polivalente con un programa variado que cambia regularmente y muestra arte contemporáneo. Trabajan en colaboración con las escuelas de arte de la región y ofrecen residencia temporal a varios artistas. Es un lugar muy diferente, que a buen seguro estimulará tu curiosidad y tus sentidos.

■ BLOEMBOLLENSTREEK ★★

En la costa, entre Haarlem y Leiden.
El sur de Holanda es un Eldorado para el cultivo de las flores de bulbo. En primavera, los campos entre Leiden y Haarlem se engalanan de mil colores y se transforman en una inmensa alfombra variopinta. Invitan a un magnífico recorrido de sesenta kilómetros en coche o en bicicleta. Por supuesto, puedes visitar el parque floral de Keukenhof para admirar la potencia cromática de las flores, pero en plena temporada, un viaje entre Ámsterdam/Haarlem/La Haya también es una magnífica experiencia fotográfica, ¡siempre que las ventanillas del tren estén limpias!

■ FRANS HALS MUSEUM HOF ★★★

Groot Heiligland, 62
☏ +31 23 511 57 75
www.franshalsmuseum.nl
Fundado en 1606, este antiguo hospicio para ancianos, construido por Lieven de Key o por Jacob van Campen, fue el hogar de Frans Hals durante sus últimas horas. Restaurado por el ayuntamiento y convertido en museo en 1913, posee el encanto típico de los *hofjes* de Haarlem: casas bajas reservadas a los residentes que rodean un pequeño y tranquilo patio, y el edificio principal que alberga grandes salas con vistas al patio. Pequeños ventanales difunden una suave luz que baña las obras de los maestros de la Edad de Oro y recrea la atmósfera de misterio religioso tan típica de los cuadros neerlandeses de interiores.
De los seis cuadros corporativos de Frans Hals, aquí se exponen cinco (sala 12), que representan milicianos desfilando o celebrando banquetes alrededor de una mesa. Estos cinco lienzos, pintados entre 1616 y 1639, permiten apreciar la evolución que imprimió a este tipo de pintura, que pasó de ser estática a cobrar vida con una expresividad y una vivacidad completamente nuevas.

■ TEYLERS MUSEUM ★★★

Spaarne, 16
☏ +31 23 516 09 60
www.teylersmuseum.nl
A diez minutos a pie de la estación de tren.
Este museo, el más antiguo de los Países Bajos, se encuentra en una mansión construida por la familia Teyler en 1780. Fundado a finales del siglo XVIII y financiado por Peter Teyler van der Hulst, un acaudalado comerciante de Haarlem, en

un principio estaba dedicado a la ciencia y la tecnología. Además de una sección de ciencias y otra de historia natural, cuenta con una soberbia colección de dibujos, grabados y aguafuertes. Nada parece haber cambiado desde su fundación, hasta el punto de que la forma en que se presenta parece anticuada, lo que contribuye a su encanto.

Las vitrinas de fósiles, cráneos y mandíbulas de animales prehistóricos resultan tan impresionantes como siempre, al igual que las numerosas herramientas científicas que pueden parecernos arcaicas, pero que, sin embargo, fueron testigos, si no partícipes, de la llegada de la óptica o la electricidad; y hay equipos que parecen haber salido directamente de la imaginación descabellada de algún profesor Bacterio.

HEEMSTEDE

Heemstede, un elegante suburbio situado al sur de Haarlem, es un lugar ideal para recorrer en bicicleta unas decenas de kilómetros rodeado de campos de flores. Se encuentra junto al Haarlemmermeer, un antiguo lago que, desecado a mediados del siglo XIX, ha dado lugar a un pólder dedicado al cultivo de flores, favorecido por el suelo arenoso. La temporada de floración comienza a mediados de marzo con los azafranes, que cubren los campos con sus pétalos naranjas o morados. Luego vienen los narcisos, los jacintos y, finalmente, hacia mediados de abril, los tulipanes, que tapizan la región hasta principios de mayo. En agosto, los lirios y los gladiolos cierran este festival de fuegos artificiales naturales.

BLOEMENDAAL

Este pequeño pueblo situado cerca de Haarlem, al borde del mar, ofrece la posibilidad de disfrutar de magníficos paseos entre paisajes variados y villas y casas de campo con cierto encanto. La playa de Bloemendaal aan Zee era un lugar de moda hace unos años, pero parece estar perdiendo terreno en favor de Zandvoort.

SPAARNDAM

Este antiguo pueblo de pescadores situado junto al río Spaarne, a unos ocho kilómetros al norte de Haarlem, es un lugar único, con sus islotes y estanques, sus astilleros de embarcaciones de recreo y sus modestas casas rústicas, algunas de las cuales datan del siglo XVII. Ideal para una breve parada en el largo viaje en bicicleta entre Haarlem y Zaandam.

ZANDVOORT ⭐⭐

Es una de las localidades turísticas más populares del país, enclavada al pie de altas dunas que se extienden a lo largo de una interminable franja de playa de arena fina. Es el lugar perfecto para dar largos paseos (¡y para disfrutar de un arenque fresco en uno de los puestos de pescado!). Zandvoort (de *sandevoerde* o «duna joven») surgió alrededor del año 1100 como resultado de un gran movimiento de arena hacia el oeste de la cordillera prelitoral, en la que se encuentra Haarlem. Un pequeño grupo de pescadores se asentó en la playa de barrera, donde termina la hilera de dunas. Hoy cuenta con un gran número de tiendas, un casino e incluso un circuito automovilístico que acoge carreras de Fórmula 1.

VISITA

■ IGLESIA REFORMADA

Poststraat, 1; www.kerkzandvoort.nl
Los orígenes de esta iglesia se remontan a la Edad Media, con su torre construida probablemente a finales del siglo XV y los restos de otra iglesia que datan de 1300. Cuenta con una serie de elementos históricos: la pila bautismal, que data de 1655, el púlpito de 1682 y una magnífica tumba de mármol de 1623. El templo ha sufrido varias renovaciones, incluida la de la torre en 1954. La calefacción central se instaló en 1920. Las tumbas que rodean la iglesia datan del período 1830-1873. Los magníficos órganos, inaugurados en 1849, han sido renovados.

■ MUSEO DE ZANDVOORT

Louis Davidsstraat, 19
✆ +31 23 571 81 49
www.zandvoortsmuseum.nl
Ubicado en un edificio histórico de Zandvoort, este museo de arte y patrimonio recorre la historia de la localidad desde sus primeros días. Muestra la vida local y el desarrollo de la ciudad y de sus habitantes, así como su patrimonio cultural y artístico. También organizan exposiciones temporales y eventos puntuales, a menudo relacionados con la playa, el litoral o el arte local. Es una forma estupenda de sumergirse en el pasado y en la identidad de Zandvoort, con actividades para toda la familia.

AMSTELVEEN

A primera vista, esta ciudad dormitorio a las afueras de Ámsterdam no tiene mucho interés. Sin embargo, merece la pena visitarla para conocer dos auténticas joyas: el Amsterdamse Bos, el fabuloso bosque de Ámsterdam, y el Museo Cobra. Los amstellodammers se quejan a menudo de la falta de espacios verdes en el centro de la ciudad, y muchos vienen a reponer fuerzas en este inmenso bosque que data de la década de 1930.

■ BOS THEATER

De Duizendmeterweg, 7
✆ +31 20 67 00 250
www.bostheater.nl
Autobuses 170 y 172: parada Amstelveenseweg, a media hora a pie.
¡He aquí un lugar fuera de lo común! Este teatro al aire libre está situado en el corazón del Amsterdamse Bos, el gran bosque que se extiende entre Ámsterdam y Amstelveen. En verano, la gente viene aquí para asistir a conciertos y obras de teatro. El entorno es *roots* y encantador. El programa puede ser realmente vanguardista y ameno, con algunos grandes nombres de la escena internacional. Puedes reservar una cesta de pícnic para disfrutar de una velada bucólica única. ¡Visita su página web y reserva ya tus entradas!

■ COBRA MUSEUM – MUSEO COBRA

Sandbergplein, 1
✆ +31 20 547 50 50
www.cobra-museum.nl
La arquitectura de este museo resulta, a primera vista, intrigante. Desde el exterior, el edificio se asemeja a dos triángulos entrelazados. En el interior, el espacio es lúdico, bañado por la luz natural, con paredes blancas que crean una relajante atmósfera zen. El patio circular, rematado con un techo de cristal, añade un toque extra de luminosidad, ideal para sublimar los vivos colores de las obras Cobra. La decoración minimalista, diseñada por el arquitecto Wim Quist (creador también

© AUTHOR'S IMAGE

VISITA

Molino a orillas del agua en la campiña de Zaandam.

del Museo Marítimo de Róterdam y del anexo del Museo Kröller-Müller), contrasta con la energía creativa de los artistas expuestos.

El museo, centrado en el arte moderno a partir de 1945, ofrece una inmersión en el mundo internacional del movimiento Cobra. Las colecciones Vrij Beelden y Creatie proponen un amplio panorama del arte neerlandés del siglo XX, con artistas como Arnando, Boers, Gerrits, Hunziker, Ortvald y Corneille, entre otros. El museo también ofrece unas magníficas vistas sobre el viejo canal.

■ GEITENBOERDERIJ RIDAMMERHOEVE
Nieuwe Meerlaan, 4
www.geitenboerderij.nl
Autobuses 186 y 187 en dirección a Schiphol: parada Nieuwe Meerlaan/Geitenboerderij.
Esta adorable granja emplazada en el corazón del Amsterdamse Bos está especializada en la cría de cabras (más de un centenar), además de otros animales.

Puedes alimentar a las cabras comprando botellas de leche. Todos los productos de la granja están a la venta, y el queso y la leche de cabra son excelentes. Merece la pena visitarla en un buen día, cuando se puede dar un paseo completo por el parque, ¡quizá después de una visita al famoso Museo Cobra de Amstelveen!

ZAANDAM

Zaandam es un antiguo suburbio industrial de la capital y la principal ciudad de Zaanstad. Está a tan solo diez kilómetros de Ámsterdam. Famosa en el siglo XVII por sus astilleros, la localidad cuenta hoy con numerosos lugares de interés y museos, pero es sobre todo el ineludible Zaanse Schans lo que atrae aquí cada año a casi dos millones de visitantes. Más que un museo en el sentido estricto de la palabra, Zaanse Schans es un espacio al aire libre de acceso gratuito, creado y conservado en la década de 1960 para proteger y mostrar el patrimonio arquitectónico e industrial de la región.

■ HET CZAAR PETERHUISJE ⭐⭐

Krimp, 23
✆ +31 75 616 03 90
www.zaansmuseum.nl

Pedro el Grande se alojó en esta casa durante una gira por Europa occidental en 1697-1698. La casa es testimonio de las estrechas relaciones entre Rusia y los Países Bajos en aquella época. Los conocimientos holandeses en el arte de construir barcos y casas en terrenos pantanosos, y su experiencia en el drenaje de marismas, eran de gran interés para Rusia. Hoy podría considerarse una forma de espionaje industrial o un intercambio de tecnología... Estas técnicas se utilizaron para construir San Petersburgo.

KOOG AAN DE ZAAN ⭐⭐

Este pueblo se encuentra a poco más de diez kilómetros al noreste de la capital y es una buena parada de camino a Alkmaar. «Koog» se refiere a un trozo de tierra que no forma parte del dique. En el siglo XVIII, la zona se industrializó con conocidas fábricas de alimentos. Antes de la Segunda Guerra Mundial, más del 70 % de la población trabajaba en fábricas. La región también ha experimentado un rápido crecimiento del deporte, sobre todo del korfbal.

ZAANSE SCHANS

Este auténtico pueblo holandés es un conjunto de casas y molinos de los siglos XVII y XVIII provenientes de los alrededores. Cada casa se ha convertido en un museo, pero todas las pequeñas tiendas de artesanía —desde fabricantes de zuecos a queseros, pasando

por relojeros, fundidores de estaño o fabricantes de colores— siguen en activo. En verano se puede disfrutar de paseos en barco por el Zaan, bordeado por decenas de molinos.

■ DE ZAANSCHE MOLEN – MUSEO DE LOS MOLINOS

Kalverringdijk, 30
✆ +31 75 62 151 48
www.zaanschemolen.nl

En el corazón de la región del Zaan, donde el viento ha modelado el paisaje, De Zaansche Molen sumerge a los visitantes en el fascinante mundo de los molinos de viento holandeses. Estos emblemáticos edificios, cuyas alas marcaron antaño la vida cotidiana, son mucho más que monumentos pintorescos: fueron el motor de la primera revolución industrial en Europa. A través de exposiciones interactivas, proyecciones audiovisuales y maquetas, el museo explica el desarrollo de los molinos y su papel esencial en la historia económica y cultural de la región. Podrás descubrir cómo se utilizaba el viento para aserrar madera para la construcción naval, para prensar semillas y obtener aceite, moler especias, obtener pigmentos y desecar tierras pantanosas. Uno de los elementos más destacados de la colección es la maqueta interactiva de los 1100 molinos de viento que antaño alimentaban el valle del Zaan. Herramientas, engranajes y ensamblajes originales atestiguan la destreza de los artesanos y la estrecha relación entre el hombre, el agua y el viento.

La visita puede ampliarse con la visita a varios molinos aún en funcionamiento, accesibles con una entrada combinada. Una experiencia única para conocer mejor este símbolo de los Países Bajos.

ALKMAAR

Esta es una ciudad pequeña y encantadora, con casas antiguas del siglo XVII que flanquean canales atravesados por puentes basculantes. Aquí hay que venir el viernes, día de mercado, cuando los granjeros traen sus quesos. Es una buena manera de hacerse una idea de la importancia agrícola de la región.

■ MERCADO DEL QUESO – KAASMARKT

Waagplein; www.kaasmarkt.nl
Un evento folclórico muy popular que muestra la venta de queso tal y como se hacía en la Edad Media. Compradores reales vienen a negociar y a adquirir el queso a los productores. Es un alegre espectáculo semanal que comienza a las diez de la mañana, cuando toneladas de bolas de gouda o edam se amontonan en la plaza central. Los potenciales compradores se pasean por la plaza, pasando de un vendedor a otro. Degustan, regatean y acuerdan un precio antes de cerrar el trato, todo ello según un ritual teatralizado cuyo perdurable atractivo se explica en gran medida por la presencia de tantos turistas. Una vez cerrado el trato, es el turno de los miembros del gremio de portadores de queso. Todavía ataviados con el tradicional traje blanco del siglo XVII, y tocados con un sombrero de paja con una característica cinta de color, apilan las bolas en camillas para llevarlas a la balanza pública, donde serán pesadas. Una vez cargadas las bolas en los camiones, que han sustituido a las antiguas barcazas, toda la alegre comitiva se reúne en el café, donde no está prohibido seguirles. Es un acontecimiento típico y auténtico que no debes perderte en tu visita a la ciudad.

■ MUSEO DEL QUESO HOLANDÉS

Waagplein, 2
✆ +31 72 515 55 16
www.kaasmuseum.nl
Era lógico encontrar un museo así en Holanda, y más aún que tuviera su sede en Alkmaar. Instalado en el Waag, el museo presenta la historia de la producción láctea y quesera de la región, su comercio y la vida rural a lo largo de los siglos. La museografía cuenta con numerosos utensilios, fotos y películas. Este museo es apto para toda la familia y te explicará cómo se elabora el queso, con un programa especial para niños.

■ STEDELIJK MUSEUM – MUSEO MUNICIPAL

Canadaplein, 1
✆ +31 72 54 897 89
www.stedelijkmuseumalkmaar.nl
Ubicado en la antigua sede de la cofradía de los arqueros, del siglo XVII, este museo exhibe grabados y pinturas de algunos de los mejores maestros de la Edad de Oro neerlandesa, incluidas algunas bellas representaciones del Alkmaar de la época, así como una colección de fotografías de principios del siglo XX. En la planta baja se exponen obras contemporáneas. Pero lo mejor se halla en la última planta, en el desván: una sala dedicada a la infancia con una magnífica colección de juguetes antiguos.

■ DE WAAG

Waagplein, 2
De Waag es una antigua capilla gótica de 1341, reconstruida y transformada en el siglo XVI. Su alta torre transversal alberga un carillón de autómatas de finales del siglo XVII. Cada hora, unas figuritas salen del carillón para competir (mecánica-

mente) en un torneo de caballeros. Los días de mercado, a las 11 de la mañana, un concierto de carillón señala el final de la actividad comercial. El ala este de la iglesia (la que da al canal) presenta una vistosa fachada renacentista adornada con un fresco alegórico que ilustra el comercio y la industria. El edificio alberga actualmente el museo del queso.

BERGEN

Surgida de los pólderes, esta pequeña y encantadora localidad fue durante mucho tiempo el destino vacacional favorito de muchos artistas que buscaban un entorno tranquilo y agradable. Bergen tuvo incluso una escuela de pintura, fundada en 1915, así como una universidad popular en una época en la que las teorías socialistas estaban de moda. En 1917, los arquitectos de la Escuela de Ámsterdam construyeron la Villa de los Artistas, una residencia de dieciocho villas (de propiedad privada y lamentablemente no abierta a los visitantes) en el parque Meerwijk. Las numerosas galerías de la ciudad datan de la misma época, lo que la convierte en una especie de «gran mercado» del arte neerlandés.

PUERTOS PESQUEROS DEL IJSSELMEER

En esta tierra de contrastes, a pocos kilómetros de la capital, encontramos un paisaje que aglutina todas las características de una Holanda atemporal. Aquí, el agua está por todas partes… aunque siempre sosegada. Estancada bajo los pólderes, controlada en el IJsselmeer, pacífica en los ríos y canales… aquí parece reivindicarse el dicho de que «Dios creó el mundo, a excepción de Holanda, que fue creada por los holandeses».

MONNICKENDAM

La localidad de Monnickendam («el dique de los monjes») se halla frente a la península de Marken. Y, al igual que Marken, fue fundada en el siglo XIII por monjes frisones. Pero mientras que Marken se convirtió rápidamente al protestantismo, Monnickendam se mantuvo siempre fiel al catolicismo. Algo menos encantadora que otras localidades, es un pequeño y ajetreado puerto deportivo donde es fácil encontrar un barco de alquiler para dar un paseo (o más) por el IJ. Se trata de un pueblo encantador que bien merece una visita.

MARKEN

Situado a tan solo 21 kilómetros de Ámsterdam, este pequeño pueblo pesquero es la joya de la región. Es el único lugar de la zona que ha conservado todo su carácter, ya que aquí es muy difícil hacer concesiones a la vida moderna. La ciudad fue fundada por monjes frisones, que desarrollaron la isla construyendo diques para proteger las tierras de cultivo de las inundaciones, antes de abandonarla en el siglo XIV y dejar que los diques reventaran. Las repetidas inundaciones acabaron con la agricultura y la ganadería, y Marken se convirtió en

© AUTHOR'S IMAGE

VISITA

Monnickendam.

un importante puerto pesquero. Incluso se practicó desde aquí la lucrativa caza de ballenas (cuesta imaginar a una ballena desembarcando en este pequeño puerto…).

VOLENDAM

Este antiguo puerto pesquero situado a 22 kilómetros de Ámsterdam, que ahora vive exclusivamente del turismo, reúne todos los tópicos sobre Holanda que uno pueda imaginar: lugareños disfrazados en verano, zuecos, loza, estaño y otros productos pseudoauténticos a la venta en cada esquina. Es como una trampa para turistas, pero el pueblo y el pequeño puerto son encantadores. El cierre del Zuiderzee puso fin a la pesca. Por supuesto, aún quedan algunos pescadores de anguilas que, cuando regresan a última hora de la mañana, hacen que el puerto cobre vida de manera efímera… cuando se vuelven a escuchar los gritos de la gente durante unos instantes.

■ **VOLENDAMS MUSEUM**
Zeestraat, 41
✆ +31 299 369 258
www.volendamsmuseum.nl
Este museo, inaugurado en 1977, está dedicado a la historia de Volendam y a sus ricas tradiciones populares. Alberga una variada colección de pinturas, esculturas, trajes y cerámica que datan de 1800 hasta nuestros días. La visita a este museo te sumergirá en el pasado auténtico de la ciudad. Es una visita obligada cuando se está en Volendam, ideal después de degustar el pescado fresco en el puerto. Animado por voluntarios apasionados, el lugar propone una fascinante inmersión cultural y fascinantes anécdotas sobre las costumbres locales.

EDAM

Esta pequeña y encantadora ciudad de más de 35 000 habitantes es conocida internacionalmente por su queso… y por nada más. Junto con Gouda, es la capital

El adorable pueblo de Marken.

quesera de los Países Bajos. Aunque hoy en día no todos los quesos *edam* proceden de la región (el país produce ocho millones de toneladas), merecen esta denominación porque todos los procesos de producción tienen su origen aquí. El pesaje ritual de los quesos se realiza en Alkmaar. Pero cuando llega el verano, el Kaasmarkt de Edam retoma su función tradicional. Es entonces cuando los trajes salen de los armarios y el Kaaswaag (edificio barroco del siglo XVIII que alberga la oficina de pesas y medidas) vuelve a funcionar. La ciudad se organiza en torno al Dam, un antiguo dique excavado probablemente en el siglo XII.

ENKHUIZEN

Antaño un pueblo de pescadores, desde la construcción de la presa del Ijsselmeer en 1932, Enkhuizen se ha ido reconvirtiendo con éxito al turismo y la navegación de recreo. Su bonito centro urbano, con sus numerosas fachadas del siglo XVII, es testimonio del antiguo esplendor de la ciudad. Su principal atractivo es el espléndido Zuiderzeemuseum. El ayuntamiento, el Stadthuis, con sus techos ornamentados, es de estilo renacentista y data de 1686.

■ DE DROMMEDARIS
Centro Cultural de Drommedaris
Paktuinen, 1
☎ +31 228 312 076; www.drom.nl
Junto al antiguo puerto de la bonita localidad de Enkhuizen, esta imponente torre de defensa (ahora centro cultural y cafetería) ofrece una excelente panorámica del IJsselmeer. Además, alberga un carillón famoso en toda Holanda. Es probablemente el edificio más conocido de la ciudad. Su construcción se remonta a 1540 y antiguamente era la puerta sur de la localidad. Ha tenido varios nombres a lo largo de los siglos, inicialmente Zuiderpoort (puerta sur) o Ketenpoort. Desde el siglo XIX lleva su nombre actual. En la planta baja hay una cafetería.

■ **ZUIDERZEEMUSEUM
– MUSEUMPARK** ★★★

Wierdijk, 12-22

✆ +31 228 35 11 11

www.zuiderzeemuseum.nl

Te espera un auténtico viaje en el tiempo. El museo cubierto, completamente renovado y ampliado, presenta una exposición permanente dedicada a la vida de los pescadores de la región del Zuiderzee. El comercio, las rutas marítimas hacia el interior, la historia de la Compañía de las Indias Orientales y la caza de la ballena, crucial en los siglos XVII y XVIII, están profusamente ilustrados. Viajarás a través de siete siglos de historia gracias a un sinfín de cuadros, maquetas de barcos, objetos utilitarios, prendas de vestir y fragmentos de películas. También organizan exposiciones temporales.

El Museumpark, la sección al aire libre, recrea la vida en los antiguos puertos pesqueros del Zuiderzee entre 1880 y 1932. Este pueblo-museo, compuesto por más de 140 edificios, tiendas y talleres, evoca el ambiente de un pequeño pueblo pesquero, con casas de aldeas como Akersloot y Zoutkamp. Podrás ver trabajar a los artesanos y descubrirás antiguos oficios, además de comer deliciosos arenques ahumados o un trozo de queso del Zuiderzee.

Los más jóvenes podrán participar en diversas actividades que les sumergirán en el día a día de los holandeses de los años 1930, mientras se divierten vistiéndose con trajes tradicionales.

HOORN ★★

Situado a cuarenta minutos en tren desde Amsterdam Centraal, Hoorn es un lugar agradable para realizar una parada. Sus ricas casas patricias y sus puestos comerciales recuerdan los tiempos de la conquista colonial y los grandes negocios, con sus fachadas a dos aguas y sus característicos tonos anaranjados. Este pequeño puerto ha visto zarpar a ilustres navegantes hacia mares lejanos. En 1616, el capitán Willem Schouten y sus hombres abandonaron las aguas de Hoorn para ser los primeros en doblar el difícil cabo de Hornos. El explorador Abel Tasman ancló aquí en 1642 antes de descubrir Tasmania y Nueva Zelanda, al igual que Jan Con, fundador de la colonia de las Indias Orientales.

■ **MUSEO STOOMSTRAM – MUSEO DE LA LOCOMOTORA DE VAPOR**

Van Dedemstraat, 8

✆ +31 229 255 255

www.stoomtram.nl

Un auténtico museo viviente, en el que se invita a los visitantes a subir a un tren de vapor de 1926 que les llevará a Medemblik. Desde allí pueden regresar a

Fachada histórica en Hoorn.

Hoorn o tomar el ferry hasta Enkhuizen. Se trata de un museo único que gustará tanto a los niños como a sus padres, ya que permite disfrutar de un divertido viaje en el tiempo. También forma parte de las atracciones un barco que data de 1956.

■ MUSEO VAN DE TWINTIGSTE EEUW – MUSEO DEL SIGLO XX

Krententuin, 24 (Oostereiland)
✆ +31 22 921 40 01
www.museumhoorn.nl

El Museo del Siglo XX propone a los visitantes un fascinante viaje a través de los grandes descubrimientos y los acontecimientos más significativos de una época que aún es la nuestra, pero que ya es cosa del pasado. Aquí podrás descubrir bellos objetos y rememorar la vida cotidiana de nuestros (bis)abuelos. Ideal para una visita en familia, el recinto es también un museo LEGO, con dos salas en las que se exponen cientos de construcciones realizadas con estos icónicos ladrillos. También hay una cafetería y una tienda.

■ WESTFRIES MUSEUM – MUSEO DE FRISIA OCCIDENTAL

Roode Steen, 1
✆ +31 229 28 00 28
www.wfm.nl

El Westfries Museum ocupa el antiguo Statencollege, un monumento nacional que data de 1632. Ofrece un fascinante panorama de la riqueza cultural de la ciudad y sus alrededores, centrado en el siglo XVII. En enero de 2005, cuando celebraba su 125 aniversario, fue víctima de un espectacular robo en el que sustrajeron 21 cuadros. Afortunadamente, las obras regresaron al museo hace unos años. El museo está siendo renovado desde enero de 2023.

═ HOLANDA MERIDIONAL ═

Holanda (sobre todo Holanda Meridional) es única en el sentido de que se halla en gran parte por debajo del nivel del mar. La región se mantiene seca solo gracias al bombeo constante y al mantenimiento de los diques. Pero el trauma de las inundaciones de 1953 aún está fresco. Es una zona llana, a veces boscosa y salpicada de dunas, incluida la bonita región de Biesbosch, cerca de Dordrecht. Entre las localidades turísticas más famosas destacan Zandvoort, cerca de Ámsterdam, Noordwijk aan Zee y Scheveningen, cerca de La Haya.

veces la capital económica y cultural del país. La ciudad quedó casi totalmente destruida en la Segunda Guerra Mundial y tuvo que resurgir de sus cenizas. Su puerto es un poderoso símbolo de esta localidad comercial y pragmática. Róterdam es un destino dinámico, contrastado y atípico, en ósmosis con el agua. Goza de un entorno que es la envidia de muchas otras ciudades neerlandesas y atrae a los visitantes por sus diversos tesoros culturales. Su arquitectura es excepcional: las casas cúbicas, el puente Erasmus, los edificios del barrio Kop van Zuid… Su intrigante imagen urbana está ahora liderada por el edificio De Rotterdam, de Rem Koolhaas, concebido como una ciudad vertical. En pocos años, también el Markthal se ha

RÓTERDAM

Róterdam, la segunda ciudad más grande de los Países Bajos, se considera a

© STANDRET – ISTOOCKPHOTO.COM

Puesta de sol sobre los molinos de Róterdam.

convertido en un nuevo símbolo de la ciudad. Y en 2021 llegó la inauguración del Depot Boijmans, el primer depósito de arte del mundo abierto al público, un increíble espejo de belleza y poesía urbana.

■ CHABOT MUSEUM ⭐

Museumpark, 11
✆ +31 10 436 37 13
www.chabotmuseum.nl. Tranvía 5.
Este museo ocupa una residencia privada diseñada por los arquitectos G.-W. Baas y L. Stokla en 1938, dentro del período arquitectónico Nieuwe Bouwen. El edificio se caracteriza por su amplitud y luminosidad, pero sobre todo por la modernidad de sus líneas. Desde 1993 alberga la interesantísima colección privada de obras del pintor y escultor Henk Chabot, fallecido prematuramente en 1949 a la edad de 55 años. En el periodo de entreguerras, Chabot fue un importante representante del expresionismo neerlandés, junto con Charley Toorop.

■ DEPOT BOIJMANS VAN BEUNINGEN ⭐⭐⭐⭐

Museumpark, 24
✆ +31 104 41 94 00
www.boijmans.nl
Este fabuloso edificio, obra del estudio de arquitectura MVRDV de Róterdam, es un proyecto único y extraordinario. Ofrece al público una experiencia sin precedentes: el acceso al depósito de un museo, en este caso del Museo Boijmans Van Beuningen, lo que permite descubrir colecciones que no pueden exponerse. El edificio, de 39 metros de altura, se ha convertido ya en un icono de la ciudad, con su esbelta base erguida hasta la altura del Museumpark. El Depósito permite acceder a 151 000 objetos de arte almacenados, así como conocer las actividades de restauración y conservación. Consta de once depósitos repartidos en siete plantas. Por el exterior está recubierto de espejos que reflejan espectacularmente toda la ciudad en su superficie. Tras el Markthal, MVRDV

RÓTERDAM

Puente Erasmus - De Zwaan.

ha creado otro clásico de Róterdam. La azotea alberga una magnífica terraza urbana, que ofrece vistas panorámicas, y el restaurante Renilde. Este último lleva el nombre de Renilde Hammacher-van den Brande, conservadora del Boijmans entre 1962 y 1978 y que sentó las bases de una de las colecciones de arte moderno más importantes de los Países Bajos. El restaurante, dirigido por el célebre chef Jim de Jong, nacido en Róterdam, ofrece cocina vegana y local que se adapta a las cosechas y las estaciones. La terraza es sencillamente increíble, una invitación al viaje y a la poesía. Un lugar absolutamente único y magnífico.

■ ERASMUSBURG – PUENTE ERASMUS – DE ZWAAN ⭐⭐
Carretera S-122
El puente Erasmus es un puente basculante atirantado que une las orillas norte y sur del nuevo Mosa. Fue diseñado por el arquitecto Ben van Berkel. Con 802 metros de longitud, está construido en torno a un pilón asimétrico de 139 metros de altura que evoca la forma del cuello de un cisne, de ahí su apodo *De Zwaan*. La estructura se inauguró en 1996 y es una de las construcciones imprescindibles de la ciudad. En Nochevieja se celebra aquí un espectáculo nacional de fuegos artificiales.

■ EUROMAST ⭐
Parkhaven, 20; ✆ +31 10 436 48 11
www.euromast.nl
Metro Dijkzigt, tranvías 6 y 9.
Esta torre futurista, diseñada por el arquitecto H.-A. Maaskant, simboliza desde 1960 el renacimiento de la ciudad tras su destrucción durante la Segunda Guerra Mundial, y ofrece unas magníficas vistas de Róterdam y sus alrededores. Originalmente de 107 metros de altura y 9 metros de diámetro, se elevó hasta los 185 metros. Es posible continuar la experiencia montando en el Euroscoop, una plataforma giratoria que te hará volar sobre la ciudad.

■ **HET NIEUWE INSTITUUT – EL NUEVO INSTITUTO**

Museumpark, 25

✆ +31 10 440 12 00

www.hetnieuweinstituut.nl

El Nieuwe Instituut es un magnífico edificio situado también en el Museumpark, frente al Museo Boijmans van Beuningen y junto al Museo Chabot. Gestiona la Colección Nacional de Arquitectura y Urbanismo Neerlandés, que contiene unos setecientos archivos de diseñadores neerlandeses, con unos fondos que se remontan a 1850. Diseñado en 1993 por el arquitecto neerlandés Jo Coenen, este impresionante edificio está rodeado de agua y bañado de luz gracias a sus numerosos ventanales. El metal y el hormigón se combinan armoniosamente en el interior, creando un espacio contemporáneo y acogedor. Los archivos y colecciones que alberga el edificio son mucho más antiguos que el propio Instituto.

El acceso a las exposiciones se realiza a través de una rampa situada detrás de la recepción. Las exposiciones temporales, centradas en la arquitectura, el urbanismo y otras disciplinas afines, suelen estar relacionadas con la ciudad. Merece la pena visitar la biblioteca por su impresionante colección, que crece veinte metros al año, y por su espacio de dos plantas, que recuerda a un barco elevándose sobre el agua que rodea el Instituto. La vista del Museumpark desde la biblioteca es relajante.

Lo más destacado del Instituto es el tesoro, donde se exponen las principales obras (terminadas o no) arquitectónicas de los Países Bajos y de arquitectos neerlandeses en el extranjero. Este espacio, con sus dos largas paredes cubiertas de listones de plástico y su isla central, resulta intrigante. El recinto también incluye una zona especialmente diseñada para niños, que les permite descubrir la arquitectura de forma lúdica, así como una zona al aire libre. El Nuevo Jardín es un experimento de gestión ecológica y biodiversidad, y también alberga esculturas.

La entrada al Instituto incluye una visita a la Casa Sonneveld (Huis Sonneveld), en la esquina de las calles Jongkindstraat y Rochussenstraat. Abierta de martes a sábado de 10 a 17 horas y los domingos y festivos de 11 a 17 horas, esta dependencia permite a los visitantes experimentar la vida de una familia que, en 1933, eligió vivir en una casa ultramoderna. Diseñada por los arquitectos Brinkman y Van der Vlugt, la Casa Sonneveld estaba en su época a la vanguardia de la modernidad. Las líneas depuradas, el mobiliario funcional, los cuartos de baño equipados con duchas y bañeras y la comodidad que ofrecía incluso al personal, dan fe de la visión vanguardista de sus creadores.

■ **JARDINES Y ARBORETO DE TROMPENBURG** ⭐⭐

Honingerdijk, 86

✆ +31 10 233 01 66

www.trompenburg.nl

Autobús 98: parada Woudestein.

Tranvía 7 en dirección De Esch, parada Burg. Oudlaan.

Este jardín botánico, creado en el siglo XIX en el barrio de Kralingen, alberga numerosos árboles y plantas de todo el mundo, incluidos algunos ejemplares muy raros. También hay viveros, un invernadero para cactus y suculentas, una rosaleda, un jardín de brezos y un estanque con peces de colores. La parte central del parque,

VISITA

trazada en 1820 al estilo de los jardines ingleses, es la más antigua y elaborada.

■ KIJK – KUBUS MUSEUMWONING ⭐

Overblaak, 70; ☏ +31 10 414 2285
www.kubuswoning.nl

Auténtico emblema de Róterdam, este complejo arquitectónico ultramoderno y de vivos colores está formado por viviendas en forma de cubo que parecen mantener el equilibrio sobre pilares de hormigón. Estas 39 casas y dos oficinas fueron diseñadas por el arquitecto holandés Piet Blom en 1984. Se puede visitar una casa piloto, que revela un interior más práctico de lo que parece. Se accede también a una exposición de fotos, maquetas y vídeos que dan una idea más precisa de cómo es esta creación única y visionaria.

■ KINDERDIJK ⭐⭐

Nederwaard, 1b
www.kinderdijk.nl

Kinderdijk está catalogado por la Unesco como Patrimonio de la Humanidad. En realidad, se trata de un pueblo cercano a Róterdam, emplazado en una zona con gran riesgo de inundación. Aquí se ha creado un sistema de drenaje histórico que incluye diecinueve molinos de viento que dan testimonio de la ingeniería hidráulica del siglo XVIII. Es uno de los lugares más emblemáticos y turísticos de los Países Bajos. Se puede visitar durante todo el año y es posible acceder a dos de los molinos del recinto. Se puede llegar al lugar en bicicleta, una excursión perfecta desde Róterdam.

■ MARITIEM MUSEUM ROTTERDAM – MUSEO MARÍTIMO ⭐⭐

Leuvehaven, 1; ☏ +31 10 413 26 80
www.maritiemmuseum.nl

Aquí estarás en el muelle de Leuvehaven, el primer puerto de la ciudad. Este cautivador museo ocupa un amplio y moderno edificio triangular. En la planta baja hay una exposición permanente dedicada al transporte marítimo y la navegación interior, con numerosas maquetas expuestas, mientras que las exposiciones temporales ocupan el resto del espacio.

El museo también pretende iniciar a los jóvenes en los placeres de la navegación, permitiéndoles incluso pilotar un barco real en el puerto. Pero esto es solo la primera parte de un conjunto mucho más original. Entre las atracciones se encuentra un antiguo buque blindado de la Royal Navy, totalmente restaurado, en el que los visitantes pueden conocer cómo era la vida a bordo en el siglo XIX. El museo también cuenta con una sección al aire libre. Con veinte barcos amarrados a lo largo de Leuvehaven, que pueden visitarse libremente, y sus muelles, que albergan diversas máquinas y grúas destinadas al transbordo de buques, este lugar parece más un pequeño puerto que un museo.

■ MARKTHAL

Dominee Jan Scharpstraat, 298
☏ +31 30 234 64 64; markthal.nl

El Markthal es el mayor mercado cubierto del mundo. En el centro del túnel, de 40 metros de altura y 120 de longitud, hay nada menos que un centenar de puestos de productos frescos, ocho cafés y restaurantes y más de doscientos locales futuristas. Todo ello está protegido del viento por una fachada de cristal. La originalidad de este mercado radica en su enorme techo (11 000 m²), que está cubierto por un fresco increíblemente luminoso de la pareja Arno Coenen-Iris Roskam titulado *Cuerno de la abundancia*. El Markhal es obra del estudio de arquitectura MVRDV.

■ MUSEO BOIJMANS VAN BEUNINGEN

Museumpark, 18-20
✆ +31 10 441 94 00
www.boijmans.nl
Metro Eendrachtsplein
Tranvía 5: parada Witte-de-Withstraat-Museumpark; tranvía 4: parada Eendrachtsplein; autobús 32: parada Rochussenstraat.
Este enorme y soberbio museo, uno de los más importantes de los Países Bajos, alberga un gran número de obras maestras, desde pintura antigua hasta creaciones de los diseñadores más modernos. En la actualidad, el Museo Boijmans van Beuningen alberga casi 750 000 pinturas y obras de arte repartidas en cuatro secciones: pintura antigua, pintura moderna, artes decorativas y diseño, y dibujos y grabados. La colección ecléctica y viva del museo nos lleva de viaje por varios mundos y épocas diferentes. La pintura holandesa, flamenca, italiana y francesa ocupan un lugar destacado, mientras que las exposiciones temporales permiten conocer a artistas contemporáneos de todo el mundo.
Terminado en 1935, toma su nombre de sus dos principales donantes que, junto con otros, contribuyeron a su excepcional riqueza: F.-J.-O. Boijmans, un famoso abogado del siglo XIX apasionado por la pintura, los dibujos y la porcelana, y, más recientemente, D.-G. Van Beuningen, un hombre de negocios e industrial que dedicó toda su fortuna a adquirir obras maestras. El edificio destaca sobre todo por la torreta en forma de faro (el Faro de la Cultura) que lo domina.

En el momento de escribir estas líneas, el museo está cerrado por obras de renovación y modernización a gran escala. Las obras comenzaron en 2019 y está previsto que finalicen en 2029, con un coste de 223 millones de euros. Parte de sus fondos pueden verse en el Depot, que también permite a los visitantes observar el proceso de restauración y conservación de algunas obras.

■ MUSEUM ROTTERDAM 40-45 NU

Coolhaven, 375; ✆ +31 10 484 89 31
www.40-45nu.nl
Este museo cuenta la historia de Róterdam bajo el dominio alemán durante la Segunda Guerra Mundial. La ciudad fue intensamente bombardeada el 14 de mayo de 1940 y luego reconstruida, pero este periodo de la historia está (y permanecerá) grabado en la memoria de sus habitantes… y dentro de estos muros. ¿Cómo operaba el ejército alemán? ¿Cómo sobrevivió la ciudad? Las pérdidas humanas, la Resistencia, el desembarco de los canadienses…

■ NATUURHISTORISCH MUSEUM – MUSEO DE HISTORIA NATURAL

Westzeedijk, 345; Museumpark
✆ +31 10 436 42 22
www.hetnatuurhistorisch.nl
Situado en el Museumpark, en la Villa Dijkzigt, el Natuurmuseum es el único museo de historia natural de la región desde 1927. Es un centro de exposiciones, actividades, colecciones e información sobre la naturaleza y el medio ambiente. El museo se ha ampliado con un pabellón de cristal y alberga una colección de aves y mamíferos disecados, mariposas, escarabajos y otros insectos, cráneos y esqueletos,

VISITA

conchas y fósiles… También se puede visitar el gabinete de Anton Boudewijn van Deinse (1885-1965), profesor de la Universidad Erasmus de Róterdam.

■ NEDERLANDS FOTOMUSEUM – MUSEO DE FOTOGRAFÍA

Statendam, 1;
℗ +31 10 203 04 05
www.nederlandsfotomuseum.nl
Tranvías 20, 23 y 25: Wilhelminakade.
Metro Erasmuslijn: Wilhelminaplein.
Este museo está dividido en dos secciones distintas. La primera se ocupa de la historia de la fotografía, mientras que la segunda está dedicada a exposiciones temporales que se presentan en un marco innovador. El espacio es muy flexible y moderno, y se adapta fácilmente a la temática de las exposiciones. Los medios y los formatos tratados no se limitan a la fotografía, sino que incluyen también el cine, el vídeo y el diseño.

■ PUENTE DE LUCHTSINGEL ⭐

Schiestraat, 18; www.luchtsingel.org
Este puente une el norte de Róterdam con el centro de la ciudad, y ha revitalizado una zona que llevaba mucho tiempo abandonada. Auténtico catalizador del turismo y el dinamismo urbano, este impresionante logro se financió mediante *crowdfunding*. Es un puente peatonal de 390 metros, inaugurado en junio de 2015, y está hecho con tablones de madera grabados con los nombres de los más de dos mil donantes hasta la fecha. Con su vibrante color amarillo, el puente es perfecto para hacer fotos urbanas dinámicas e ilustra la inventiva y el sentido de comunidad de Róterdam.

■ PUERTO DE DELFSHAVEN ⭐

Este puerto, antiguamente parte de la ciudad de Delft (su nombre significa «puerto de Delft»), está integrado en el municipio de Róterdam desde 1886. Situado al suroeste del centro de la ciudad, Delfshaven es famoso por su encantadora dársena de Voorhaven, flanqueada por almacenes y edificios antiguos que se salvaron de los bombardeos de la Segunda Guerra Mundial. Oficialmente un distrito de Róterdam, Delfshaven tiene una población de más de 75 000 habitantes. Durante la guerra se libró de los bombardeos y es, por tanto, el garante histórico y tradicional de la segunda ciudad holandesa.

■ REMASTERED ⭐

Willemsplein, 79
www.remastered.nl
Este es un increíble espacio de exposiciones que transporta a los visitantes a una atípica epopeya pictórica y musical. Se entra por una cascada y luego se llega a unos fondos marinos reactivos, en los que puedes hacer bailar a bancos de peces y algas. A continuación, te transportan a cielos extraños y luego a un «jardín de las delicias», reinterpretación de la obra de El Bosco que se expone en el Museo del Prado. La siguiente sala te sumerge en la obra de Brueghel, Rembrandt, Van Gogh y Mondrian, en un ambiente de club nocturno. Algunos puristas probablemente pondrán el grito en el cielo, pero nosotros lo disfrutamos.

■ VAN NELLE FABRIEK

Van Nelleweg, 1; ℗ +31 107 50 35 00
www.vannellefabriekrotterdam.com
Construida en 1930 y diseñada por los arquitectos Van der Vlugt y Brinkman, la fábrica Van Nelle es Patrimonio Mundial de la Unesco. Primero se utilizó para envasar té, café y tabaco, y después para fabricar cigarrillos y chicles. Ahora, convertida en

© ALESSIA PENNY – ISTOCKPHOTO.COM

Taxis acuáticos en Róterdam.

un espacio de trabajo y un complejo para eventos, es un magnífico referente de Róterdam. El edificio es increíblemente moderno, con duchas de agua caliente, calefacción central y espacios de trabajo diáfanos, aunque lo mejor es la luz natural que entra por doquier.

■ **WERELDMUSEUM ROTTERDAM**
Willemskade, 25; ✆ +31 10 270 71 72
rotterdam.wereldmuseum.nl
Metro Leuvehaven.
Recientemente renovado, este museo de etnología confirma el interés de los neerlandeses por los pueblos de Asia y más allá, y no solo comercialmente. El museo cuenta con ricas colecciones etnológicas del sudeste asiático, China, Tíbet, Indonesia y Nueva Guinea, así como de varios países africanos. La importancia de la colección acumulada a lo largo de los años obliga al museo a realizar exposiciones temporales (que duran de seis meses a dos años), cada una sobre un tema específico (indumentaria, vivienda, teatro popular, etc.).

LA HAYA (DEN HAAG) ★★★

La Haya es la tercera mayor ciudad del país, una localidad moderna con más de medio millón habitantes. Ciudad de paz y justicia, alberga la residencia real, el Parlamento y la sede del Gobierno. Cuenta con tiendas de lujo, restaurantes con carácter, actividades internacionales y buenos museos. Scheveningen, la localidad costera adyacente, se asemeja a una localidad turística inglesa con su gigantesco *pier* (muelle). Aquí reina un ambiente único para los viajeros poco familiarizados con las costas del mar del Norte. Por último, La Haya cuenta con tres de los mejores museos de los Países Bajos (Mauritshuis, Kunstmuseum y Voorlinden), que por sí solos constituyen una buena razón para visitar esta ciudad.

■ **TRIBUNAL PENAL INTERNACIONAL**
Oude Waalsdorperweg, 10
✆ + 31 70 515 85 15
www.icc-cpi.int

El TPI es un tribunal permanente. Nace a partir del Estatuto de Roma firmado en 1998 y se encarga de juzgar los genocidios, los crímenes de guerra, los crímenes contra la humanidad y los crímenes de agresión, en particular aquellos cometidos durante conflictos en los siguientes países: Uganda, República Democrática del Congo (RDC), República Centroafricana, Sudán, Kenia, Libia, Costa de Marfil y la antigua Yugoslavia. El Tribunal cuenta actualmente con novecientos funcionarios procedentes de cien países.

■ DENNEWEG

www.denneweg.nl

Tranvías 16 y 17: Korte Voorhout

Denneweg es una encantadora e histórica calle comercial de La Haya, impregnada de un ambiente casi británico. La imponente fachada ocre del hotel Des Indes, a la entrada, le da un toque de majestuosidad. Es una de las zonas más antiguas y atractivas del centro. Los escaparates de anticuarios, interioristas y tiendas de moda invitan a pasear. Deberías hacer una pausa para entrar en un *eetcafé* y degustar un pequeño plato o simplemente una bebida mientras observas a los transeúntes.

■ ESCHER IN HET PALEIS (MUSEO ESCHER)

Lange Voorhout, 74

✆ +31 70 42 77 730

www.escherinhetpaleis.nl

Este excelente museo está dedicado a Maurits Cornelis Escher, dibujante y grabador que se distinguió por sus obras que engañan a nuestros sentidos. Sus dibujos (más de dos mil) combinan una ejecución perfecta y una abundante imaginación al servicio de estructuras imposibles. Muchas de sus creaciones son presentaciones de conocidas transformaciones geométricas, como la traslación, la reflexión, la rotación y la homotecia. Viajero incansable, realizó la mayor parte de su obra en los Países Bajos.

■ KUNSTMUSEUM

Stadhouderslaan, 41

✆ +31 703 38 11 11

www.kunstmuseum.nl

Tranvía 17 y autobús 24.

Construido por Berlage en 1935, este museo cuenta con varias secciones, entre ellas la de arte moderno. Es especialmente interesante por la obra de la escuela De Stijl, cuyos mejores representantes son Théo van Doesburg, iniciador del movimiento, y, sobre todo, Piet Mondrian, cuya obra monumental suele exponerse en varias salas. El museo también cuenta con obras de Van Gogh, Picasso, Francis Bacon, Kandinsky, Monet y el movimiento Cobra. Un ala está consagrada a la moda. También programan excelentes exposiciones temporales.

■ MADURODAM

George Maduroplein, 1

✆ +31 70 416 2400

www.madurodam.nl

Acceso desde las estaciones Den Haag Centraal y Hollands Spoor: tranvía 9 en dirección Scheveningen y parada Madurodam, o autobús 22. En coche, sigue los paneles Scheveningen Haven y después Madurodam; aparcamiento de pago (8,50 €).

Durante más de cincuenta años, ¡Madurodam se ha enorgullecido de ser la ciudad más pequeña de Holanda! Es una ciudad en miniatura, o una ciudad dentro de otra ciudad, que presenta monumentos característicos del país a escala 1: 25.

El parque cuenta con 338 miniaturas de monumentos neerlandeses, 21 exposiciones interactivas y cuatro atracciones cubiertas. La primera mitad del parque es muy interesante, con lugares emblemáticos perfectamente recreados, como la casa de Ana Frank, la Domtoren de Utrecht, campos de flores, molinos de viento, canales y elementos añadidos recientemente, como el aeropuerto de Schiphol y el espectacular puente Erasmus de Róterdam. Tómate tu tiempo para admirar, por ejemplo, la *Ronda de noche* de Rembrandt, que puede contemplarse inclinada sobre el Rijksmuseum. La segunda mitad está formada por monumentos más recientes, a menudo menos conocidos por el gran público.

■ MAURITSHUIS ★★★★
Plein, 29
℃ +31 703 02 34 56
www.mauritshuis.nl
Del mismo modo que el Rijksmuseum de Ámsterdam o el Prado de Madrid, el Mauritshuis constituye por sí solo una excelente razón para viajar a La Haya. Situado a orillas del Hofvijver, el lago al pie del cual se erigió el Binnenhof, alberga una de las colecciones más bellas de pintura holandesa del siglo XVII. Finalizado en 1644, este elegante edificio de estilo clásico fue construido según los planos de Jacob van Campen por encargo de Johan-Maurits de Nassau Siegen. Sobrino nieto de Guillermo el Taciturno, Johan-Maurits fue gobernador de Brasil, circunstancia que otorgó al Mauritshuis ciertos matices exóticos que aún hoy pueden percibirse aquí y allá. Convertido en Gabinete Real de Pintura en 1822 por Guillermo I, el museo pasó a albergar desde entonces las colecciones personales de los estatúderes y

de los príncipes de la Casa de Orange, personajes que, como puede comprobarse, no carecían precisamente de buen gusto: Rubens, Vermeer, Rembrandt, Van Dyck, Frans Hals, todos ellos maestros indiscutibles, que exhiben aquí algunas de sus obras más destacadas.
Aunque está dedicado principalmente al siglo de oro neerlandés, el Mauritshuis presenta también piezas fundamentales de la escuela flamenca de los siglos XV y XVI, así como obras maestras de pintores alemanes. Un museo que no debes perdetse bajo ningún concepto.

■ MUSEO BEELDEN AAN ZEE ★★
Harteveltstraat, 1
℃ +31 70 358 58 57
www.beeldenaanzee.nl
Tranvías 1, 8 y 9; buses 14, 22 y 23.
Ubicado cerca de la Kurhaus, este es uno de los lugares más agradables que hay junto a la playa de Scheveningen, criticada por su estilo moderno… El edificio fue construido por orden de Guillermo I para que su esposa, la reina Guillermina, que andaba delicada de salud, pudiera recuperarse y descansar al aire libre del mar del Norte. Situado en un parque junto al mar, este museo, en parte al aire libre, está dedicado a la figura humana: esculturas de todos los tamaños están instaladas en las salas del antiguo pabellón, así como en los patios y terrazas, todos ellos escenarios silenciosos e íntimos. Diseñado por el arquitecto Wim Quist, este museo ha encontrado su lugar en las dunas de la famosa playa de La Haya. Ostenta la distinción de ser el único museo de los Países Bajos dedicado exclusivamente al arte escultórico internacional moderno y contemporáneo. En la actualidad, la colección incluye más de mil esculturas

VISITA

© GABRIELA BERES - SHUTTERSTOCK.COM

Museo Beelden Aan Zee.

y varios centenares de medallones, que son creaciones de artistas de todo el mundo y están realizadas con materiales de lo más diverso. Desde hace más de quince años, las SprookjesBeelden aan Zee (esculturas de cuento de hadas junto al mar) del bulevar de Scheveningen constituyen una fascinante terraza repleta de esculturas de bronce. ¡Estas obras de Tom Otterness están consideradas obras maestras en todo el mundo! El museo organiza tres o cuatro grandes exposiciones al año.

■ PALACIO DE NOORDEINDE

Noordeinde, 68
www.koninklijkhuis.nl
La Haya cuenta con varios palacios, entre ellos el palacio Noordeinde, también conocido como Het Oude Hof («el viejo palacio»). Este soberbio edificio pertenece a la Casa Real desde 1609, y actualmente es «el palacio de trabajo» del monarca. No se puede visitar, pero se puede admirar desde las puertas y es posible deambular por sus vastos jardines abiertos al público. Las caballerizas reales (Koninklijke Stallen) se encuentran al norte de los jardines. Aquí podrás admirar los carruajes, incluido el famoso carruaje de oro, y la flota de coches de la familia real.

■ VREDESPALEIS – PALACIO DE LA PAZ

Carnegieplein, 2
℅ +31 703 02 42 42
www.vredespaleis.nl
Autobús 28 desde la estación central y tranvía 1 desde la estación Den Haag Hollands Spoor.
Diseñado para albergar las instituciones internacionales que se habían creado unos años antes, durante unas conferencias internacionales, el Palacio de la Paz fue construido entre 1907 y 1913 en estilo neorrenacentista flamenco por Louis Marie Cordonnier, ilustre arquitecto de la región francesa de Hauts-de-France. Las obras fueron financiadas por el mecenas estadounidense Andrew Carnegie y por todas las naciones que habían participado en las conferencias de 1899 y 1907. A partir de 1922, además de la Corte Permanente de Arbitraje, el palacio albergaría la Corte Permanente de Justicia Internacional (que se convirtió en el Tribunal Internacional de Justicia en 1945), un auténtico tribunal judicial que se pronunciaba sobre diversos litigios con implicaciones internacionales, como el caso de la Anglo-Iranian Oil Company. La visita a este templo internacional de la paz es obligada. El Centro de Visitantes, abierto gratuitamente, ofrece un primer contacto muy gratificante con este ilustre lugar. Conviene reservar una visita guiada para acceder al edificio y descubrir su origen, sus distintos símbolos y las diferentes instituciones que alberga.

VISITA

Binnenhof, sede del parlamento y del gobierno neerlandés, en La Haya.

En el lugar se exponen objetos donados por los diferentes países: una reja monumental donada por Alemania, una estatua de la Paz donada por Bélgica, tapices gobelinos enviados por Francia, una alfombra de la Manufactura Imperial Turca, un reloj donado por Suiza o unos tinteros de plata donados por España.

DELFT ★★★

Al igual que Ámsterdam, Delft, la ciudad de Vermeer, pertenece al mundo imaginario de los sueños, con sus canales rodeados de tilos, sus muelles sombreados y llenos de flores, sus bulliciosas plazas repletas de gente los días de mercado y sus iglesias que alcanzan el cielo. Los tejados a dos aguas de las casas destacan ligeramente sobre el cielo, mientras que las fachadas de las elegantes residencias patricias, la mayoría restauradas tras la Segunda Guerra Mundial, revelan innumerables motivos y obras de estilo rococó.

■ AYUNTAMIENTO – STADHUIS ★
Markt, 78
www.delft.nl
Reconstruido en 1619 por el arquitecto Hendrik de Keyser, el Ayuntamiento de Delft es un magnífico ejemplo de la arquitectura renacentista holandesa. El edificio actual fue levantado alrededor de la torre medieval conocida como Oude Steen (piedra vieja), único vestigio del edificio original, que quedó destruido por un incendio en 1618. Esta torre, cuya base data del siglo XIII, aún alberga una antigua cámara de tortura, recuerdo de la función judicial del lugar. En el interior, la sala de bodas exhibe bellos retratos de los príncipes de Orange. Un monumento emblemático cargado de historia.

■ MUSEO Y ALFARERÍA REAL DE DELFT ★★
Rotterdamseweg, 196
✆ +31 15 760 0800
museum.royaldelft.com
Autobuses 40 y 121.

El Museo y Fábrica Real de Loza de Delft, que data del siglo XVII, es la última fábrica de loza que queda en la ciudad. Desde 1653, la famosa loza se pinta aquí a mano siguiendo una tradición secular. El museo conduce a los visitantes a un viaje inolvidable por el mundo azul de Delft. Es una visita interactiva y muy interesante, centrada en la historia de esta forma de arte centenaria que aún hoy en día sigue haciendo famosa a la ciudad.

■ MUSEO PRINSENHOF DELFT

Sint Agathaplein, 1
✆ +31 152 60 23 58
museumprinsenhofdelft.nl
Fue aquí donde Guillermo el Silencioso estableció la Casa de los Príncipes y se refugió de Felipe II de España en 1583, antes de ser asesinado un año más tarde. El convento, que data del siglo XIV, fue utilizado sucesivamente como bolsa de comercio, escuela, cuartel y caballeriza. Sus colecciones recorren la historia de Delft y de la Casa de Orange a lo largo de más de cinco siglos. Los numerosos cuadros y objetos permiten familiarizarse con el agitado pasado y con los personajes históricos. El museo permanecerá cerrado por reformas hasta la primavera de 2027.

■ NIEUWE KERK

Markt, 80
✆ +31 15 212 3025
www.oudeennieuwekerkdelft.nl
Esta iglesia-museo construida en estilo gótico, y utilizada para el culto protestante desde 1572, es una especie de panteón de los príncipes de la Casa de Orange. El edificio está dominado por una alta torre de ladrillo y piedra blanca coronada por una aguja. Guillermo I de Nassau, conocido como el Teciturno, fue enterrado aquí en 1584, en un soberbio mausoleo creado por Hendrik de Keyser, entre 1614 y 1620, en el coro de la iglesia. El interior del templo, austero, se estructura en tres naves, con un ábside que alberga la tumba de Guillermo I (1815-1840).

■ VERMEER CENTRUM DELFT

Voldersgracht, 21
✆ +31 15 21 38 588
www.vermeerdelft.nl/fr
Este museo es una auténtica oda a Vermeer, el ilustre pintor de Delft, la ciudad donde nació y vivió toda su vida. El atractivo edificio histórico transporta a los visitantes a la Edad de Oro, al Delft celebrado por el maestro de la luz, y presenta la obra y la vida del pintor. Aunque solo se exhiben copias, las tres plantas de exposición ofrecen una magnífica oportunidad para descubrir la obra de Vermeer con herramientas interactivas. También organizan exposiciones temporales y se explican sus técnicas.

SCHIEDAM

Esta antigua y encantadora localidad, situada a tan solo seis kilómetros de Róterdam, estuvo antaño habitada por pescadores y ha sido famosa durante mucho tiempo por su ginebra y sus astilleros. Orgullosa de su rico pasado, Schiedam presume de varios monumentos nacionales, construidos por prósperos quemadores y destiladores. La ciudad se fundó hacia 1230 a orillas del pequeño río Schie, justo detrás de una presa construida por Van Wassenaar. Schiedam debe su fama a su aguardiente (la jenever), además de a otras riquezas.

© AITOR – STOCK.ADOBE.COM

Gouda: Ayuntamiento y plaza del Mercado.

GOUDA ★★★

Situada a tan solo 25 kilómetros al noreste de Róterdam, la encantadora y animada ciudad de Gouda es tan famosa como el queso que lleva su nombre. Su pintoresco casco antiguo, con majestuosos canales y una notable arquitectura, atrae a los visitantes tanto como el tradicional mercado del queso. El ayuntamiento gótico, con su carillón decorado con figuritas, preside, cual señor del lugar, la plaza del mercado y merece ser admirado durante unos instantes, al igual que las magníficas vidrieras de la iglesia de San Juan, iluminadas por los rayos del sol a partir del mediodía.

VLAARDINGEN ★

Con su encantador puerto pesquero y su exuberante vegetación, el casco antiguo de Vlaardingen es uno de los más pintorescos de la región. La ciudad cuenta con casi 75 000 habitantes. Se dice que ya en el año 700 se construyó aquí una iglesia, y que la ciudad obtuvo su fuero en 1273. Históricamente, Vlaardingen debe su reputación al pescado, sobre todo al arenque, pero también a la anchoa y el bacalao. Sin embargo, la pesca ya es una cosa del pasado, y este pasado se aprecia claramente en torno al Oude Haven (el antiguo puerto) y al puerto Koninging Wilhelminahaven.

MAASSLUIS ★

Es un placer pasear, a pie o en barco, por el centro de esta pintoresca población surcada por tranquilos canales. Maassluis tiene algo menos de 35 000 habitantes y forma parte de la aglomeración urbana de Róterdam-La Haya. En el siglo XIX, la ciudad era famosa por su industria pesquera, por lo que no es casualidad que aquí se encuentre un museo marítimo y de la pesca. En el siglo XVII, Maassluis albergó una comunidad judía, que se marchó hacia 1890.

BRIELLE

Antigua plaza fuerte que custodiaba el estuario de la desembocadura del Mosa, Brielle está repleta de monumentos históricos perfectamente conservados, como la iglesia de Santa Catalina o el ayuntamiento, ambos construidos en el siglo XV en un característico estilo gótico. La ciudad perteneció a Inglaterra en el siglo XVI y volvió a ser neerlandesa a partir de 1616.

ROCKANJE

Esta otra localidad costera, situada en el estuario del Haringvliet (ahora cerrado por una presa), no carece de encanto, con sus inmensas extensiones de playas frente al mar del Norte y sus densos bosques. Un encantador paisaje de pólderes emerge de la Haringvlietdam, una presa de dimensiones impresionantes.

HELLEVOETSLUIS

Situada en la orilla norte del Haringvliet, un brazo del estuario del Mosa, esta ciudad fue antaño el puerto militar de los Países Bajos. De esta época han sobrevivido varios museos y edificios en honor a sus héroes, en un universo marítimo salpicado de muelles desiertos. Hellevoetsluis celebró recientemente el 400 aniversario de su puerto, que jugó un papel importante en la Edad de Oro. De hecho, Michiel de Ruyter lo visitaba regularmente para realizar inspecciones. Una ciudad atemporal.

HOEK VAN HOLLAND

Este pueblo marinero es famoso por el encanto de su puerto, atestado de embarcaciones de ocio, y por la belleza de sus largas extensiones de playas acompañadas por un entorno natural maravillosamente virgen y generoso.
Una escapada que debe combinarse con la visita a algunos museos insólitos (Museo de la Defensa Costera, Museo de Boyas Costeras de Vuurtoren, Museo del Servicio de Barcos Salvavidas y Transbordadores) y a un fuerte bien conservado (Aan den Hoek van Holland).

LEIDEN

A 50 km de Ámsterdam y a 23 de La Haya, Leiden, con sus 121 000 habitantes (incluidos 20 000 estudiantes), es la cuarta mayor ciudad de la provincia de Holanda Meridional. Sus numerosos encantos y ventajas la convierten en una de las localidades más interesantes del país. Aquí nació, en 1606, Rembrandt y aquí floreció el primer tulipán. Dos palabras resumen el tono de esta animada ciudad, que durante mucho tiempo fue una especie de rival cultural de Ámsterdam: historia y cultura. Es la segunda ciudad con más canales después de Ámsterdam, y sin duda una de las más bellas de Holanda. Al final del canal Groenhazen se ve, a la derecha, el famoso canal Rapenburg, uno de los más antiguos y grandes del país.

■ **ACADEMIEGEBOUW**
Rapenburg, 70
℡ +31 71 527 1210
www.universiteitleiden.nl
Se trata de la sede de la universidad que, desde el siglo XVI, se ubica en una antigua iglesia perteneciente a un monasterio de monjas dominicas. El edificio, que data de 1516, se sigue utilizando para las clases inaugurales y las ceremonias de graduación. Es costumbre que los

estudiantes escriban sus nombres en la pared de la *zweetkamer,* la sala del sudor, donde esperan nerviosos antes de oír su nombre, lo que significa que se han graduado. Aquí se pueden admirar unas magníficas vidrieras que representan la historia de la universidad.

■ **HET SIEBOLDHUIS** ⭐
Rapenburg, 19
✆ +31 71 51 255 39
www.sieboldhuis.org
Se trata de un auténtico museo de Japón emplazado en el corazón de Leiden, sobre un ilustre canal del centro de la ciudad. Esta espléndida casa del siglo XVII alberga magníficos objetos japoneses coleccionados por Philipp Franz von Siebold, un médico bávaro. El museo cuenta con salas únicas y encantadoras. También organizan exposiciones temporales. Cabe destacar que los Países Bajos fue el primer país europeo en establecer relaciones comerciales con Japón, ya en 1609, cuando la Compañía de las Indias Orientales estableció un puesto comercial en Hirado.

■ **HORTUS BOTANICUS** ⭐⭐
Rapenburg, 73
✆ +31 71 527 51 44
www.hortusleiden.nl
Es el jardín botánico más antiguo de Países Bajos. Está dividido en cuatro secciones principales: el prejardín, el jardín de invierno, el jardín japonés y el jardín Clusius. También hay un invernadero de naranjos e invernaderos tropicales. Si tienes poco tiempo, visita al menos el jardín Clusius. Charles de l'Écluse (Clusius), médico y botánico flamenco nacido en Arrás (Francia) en 1525, viajó y trabajó por toda Europa. En 1593, siendo profesor de botánica en la Universidad de Leiden, fundó el Hortus Botanicus.

■ **MUSEO DE LAKENHAL** ⭐⭐
Oude Singel, 32
✆ +31 71 516 53 60
www.lakenhal.nl
A diez minutos a pie de la estación. Autobuses 4, 5, 71 o 72.
El Museo Municipal de Leiden ocupa la antigua fábrica de paños de la ciudad,

Leiden.

que data de 1640 y fue diseñada por Arent van 's-Gravesande. La colección histórica de la primera planta recorre el pasado de Leiden y sus florecientes actividades (entre 1640 y 1800), ilustradas con cuadros de Isaac van Swanenburgh (padre de Jacob, maestro de Rembrandt), y explica las fases de la producción de lana. El museo también exhibe cuadros del siglo XVII (entre otros, de Rembrandt, Jan Steen y Gerard Dou).

■ PIETERSKERK

Kloksteeg, 16
✆ +31 71 512 43 19
www.pieterskerk.com

La construcción de esta imponente iglesia, situada en la plaza del mismo nombre, comenzó en 1390 y tardó unos 150 años en completarse. La capilla y el cementerio de los condes de Holanda se encontraban antiguamente en el emplazamiento de la iglesia. La capilla se reconstruyó en 1121 y se dedicó al apóstol Pedro. La iglesia, construida y reconstruida con este mismo nombre a lo largo de los siglos, llegó a tener una enorme torre apodada «la reina de reinas», de más de cien metros de altura y visible desde la ciudad costera de Katwijk. Pero la torre se derrumbó en 1512 y nunca fue reconstruida. El edificio fue primero una basílica, luego una iglesia protestante y, finalmente, en 1975 se convirtió en una sala polivalente. Los órganos de la iglesia son famosos, y las obras de Bach se interpretan aquí majestuosamente. En los pilares de la iglesia aún pueden verse vestigios de antiguas pinturas religiosas. Entre los personajes enterrados aquí se encuentran los padres de Rembrandt y el pintor Jan Steen.

Esta iglesia, un verdadero viaje en el tiempo, acoge exposiciones temporales y eventos eclécticos, que reflejan a la perfección la dicotomía de la ciudad entre clasicismo y modernidad. Es imprescindible consultar la agenda del recinto para reservar las entradas para los próximos eventos con antelación. Los conciertos de Navidad y Semana Santa son especialmente populares. La antigua casa del sacristán se ha convertido en un alojamiento, la Villa Rameau. También hay una cafetería.

■ RIJKSMUSEUM VAN OUDHEDEN

Rapenburg, 28
✆ +31 71 5163 163
www.rmo.nl

La colección arqueológica de este museo (más de 80 000 objetos, aunque solo se exponen 6000) procede de cuatro regiones diferentes: Holanda, Egipto, Oriente Próximo y el llamado *mundo clásico* (Roma y Grecia). Sus colecciones se enriquecen periódicamente con las excavaciones realizadas en Saqqarah (Egipto) y Tell Sabi Abyad (Siria). Descubrirás momias, estatuillas, objetos decorativos diversos, esculturas y mucho más. La sala Taffeh alberga el reconstruido templo de Isis en Taffeh, donado por el Estado egipcio a los Países Bajos.

■ DE WAAG

Aalmarkt, 21
✆ +31 717 400 300
waagleiden.nl

De Waag se encuentra en la confluencia de los ríos Oude Rijn, Nieuwe Rijn y Mare. Puesto que Leiden no disponía de una plaza grande, era lógico que la Casa de Pesos se situara junto al agua para pesar las mercancías que entraban en la ciudad y recaudar impuestos. En el siglo XV era una construcción medieval de madera, que fue sustituida en 1657 por este edificio de estilo clasicista, diseñado por el arquitecto holandés Pieter Post, creador del ayuntamiento de Maastricht y de la Mauritshuis. Desde 2015, es un café y restaurante.

■ **WERELDMUSEUM LEIDEN** ★★
Steenstraat, 1
✆ +31 88 0042 800
leiden.wereldmuseum.nl
El Tropenmuseum de Ámsterdam, el Museo de África de Berg en Dal, el Wereldmuseum de Róterdam y el Museo Volkenkunde de Leiden se fusionaron en 2023 bajo un mismo nombre: el Wereldmuseum, que fomenta la reflexión sobre lo que significa ser humano. La colección de Leiden nos lleva hacia los cuatro puntos cardinales del mundo. Se centra en historias culturales globales y aborda temas importantes como la religión, los mundos indígenas y su lucha por la independencia, o la restauración de injusticias históricas.

LISSE  ★★

Bollenstreek es el nombre que recibe la región situada entre Haarlem y Leiden, donde se han instalado unos ocho mil centros de jardinería y floricultores especializados en este comercio. La Ruta del Tulipán une los distintos viveros y granjas. El Keukenhof, el mundialmente famoso centro de información sobre el cultivo de flores, se encuentra en Lisse, y es desde hace tiempo la atracción número uno de los Países Bajos, con casi un millón de visitantes al año. Lisse goza de la particularidad de hallarse en el centro de esta región, pero también de ser un pueblecito encantador con carácter propio. Es un punto de parada estratégico y agradable.

■ **KEUKENHOF**  ★★★★
Stationsweg, 166a
✆ +31 252 46 55 55
www.keukenhof.nl
Este inmenso parque de estilo inglés ocupa casi 32 hectáreas. Al final de una vista rebosante de color, podrás vislumbrar el castillo de Keukenhof, antigua residencia de Jacqueline de Baviera, reconstruida en el siglo XVII (aunque no está abierta a los visitantes). Las creaciones florales del parque, con sus seis millones de bulbos, merecen una visita durante la temporada de los tulipanes. En esta época, su infinita variedad y suntuosidad permiten comprender la manía y la locura especulativa de que fueron objeto estas flores a partir del siglo XVII.

 Keukenhof también cuenta con jardines temáticos, pabellones de exposiciones y obras de arte al aire libre. Los visitantes pueden disfrutar de paseos a pie o en barco por los canales, alquilar bicicletas, admirar los numerosos arreglos florales y participar en eventos especiales organizados a lo largo de la temporada, de marzo a mayo.

▶ El parque cuenta con varias zonas de restauración, donde se pueden degustar especialidades holandesas mientras se disfruta de las vistas hacia los jardines. Para los niños, hay zonas de juego, un laberinto y una minigranja, lo que convierte al parque en un destino ideal para familias.
Además de tulipanes, Keukenhof incluye una gran variedad de flores, como narcisos, jacintos, lirios, rosas, claveles y orquídeas. Un tema diferente inspira cada año los nuevos arreglos florales. Auténtica atracción turística, el recinto está muy concurrido toda la temporada.

CENTRO

¿Por qué no salir de Holanda y explorar todo el país? En los últimos años, con la afluencia de turistas a Ámsterdam y a la región holandesa, esta recomendación se ha convertido casi en un mandato, reflejo de la exasperación de los lugareños. El centro del país está repleto de tesoros. Utrecht, con sus pintorescos canales, el Centraal Museum y el encantador conejo Nijntje, es una alternativa ideal. Amersfoort, tranquila y llena de encanto, entusiasma con sus canales y edificios históricos. Para una experiencia más exótica, dirígete a Gelderland y Nimega, una ciudad histórica que presume de ser la más antigua del país. En Apeldoorn, no te pierdas el palacio Het Loo. Pero nuestro verdadero favorito es el Parque Nacional De Hoge Veluwe, una joya natural que alberga el suntuoso Museo Kröller-Müller. Por último, si lo que buscas es urbanismo moderno, visita Flevolanda: Almere, una ciudad con tan solo cuarenta años, te fascinará.

PROVINCIA DE UTRECHT

Heredera de los territorios del antiguo principado episcopal de Utrecht, esta provincia presume de un rico patrimonio arquitectónico. Las ciudades de Utrecht y Amersfoort tienen mucho que ver: museos, canales y un estilo de vida fresco, ajeno a las hordas de turistas de la capital.

UTRECHT

Utrecht fue un importante centro religioso durante siglos. Capital del principado episcopal del mismo nombre desde 1024 a 1548, llegó a contar con unas cuarenta iglesias que señalaban la ciudad a los peregrinos que venían de lejos. Hoy ya no es así, pues muchos de estos edificios han desaparecido, principalmente a causa de catástrofes naturales —el trágico huracán de 1674—, pero también por falta de recursos. Cuarta ciudad del país, hoy es un dinámico centro universitario y la capital administrativa de la provincia que lleva su nombre. El casco antiguo es magnífico, muy animado y bullicioso. Los cafés a la sombra, bajo el Oudegracht y el Nieuwegracht, dan a Utrecht un aire muy latino.

■ CENTRAAL MUSEUM
Agnietenstraat, 1
℅ +31 30 236 23 62
www.centraalmuseum.nl
Este museo es un clásico que reúne pintura del siglo XVII, escultura, artes gráficas, dibujos y arte moderno. Las colecciones permanentes destacan por su gran diversidad, con un ala consagrada al diseño de principios del siglo XIX y varias salas dedicadas al período impresionista. En un anexo situado frente al museo se exponen creaciones contemporáneas que permiten comprender mejor la evolución del diseño neerlandés. Las exposiciones temporales se centran en la moda, el diseño y la fotografía.

■ **CASTILLO DE HAAR**
Kasteellaan, 1
✆ +31 306 778 515
www.kasteeldehaar.nl

Con sus torres almenadas y puntiagudas, su foso infranqueable y sus jardines, el castillo de Haar parece sacado de la imaginación de un novelista. Fiel a todas las características de la arquitectura neogótica, oscila elegantemente entre una fortaleza con carácter y un palacio principesco. Aunque solo algunas de las doscientas salas de este gigantesco castillo están abiertas al público, un recorrido por los salones, dormitorios y cocinas revela la opulencia de la vida de la familia Van Zuylen en el siglo XX.

■ **DOMTOREN – TORRE DE LA CATEDRAL DE SAN MARTÍN** ⭐⭐
Domplein, 9
✆ +31 30 236 0000
www.domtoren.nl

La Domtoren es la torre de la catedral de San Martín. Está separada de esta por un espacio abierto ajardinado (Domplein) que ocupa el anterior empla-zamiento de la nave del templo, que se derrumbó en 1674. Asistimos, pues, al asombroso espectáculo de un edificio que comprende, por un lado, una torre y, por otro, el coro de una iglesia, pero sin nave principal. No obstante, el presbiterio sigue utilizándose como iglesia y en él se celebran todavía algunos oficios de la iglesia reformada. La torre es ahora propiedad de la ciudad de Utrecht. Con 112 metros de altura, fue el edificio más alto del país durante más de seiscientos años, antes de que los nuevos edificios de Róterdam lo superaran. Está formado por tres secciones superpuestas, con un pasadizo que permite el paso de bicicletas por debajo. La esfera del reloj brilla en la sección central. Por último, en lo alto (tras 465 escalones), bien escondido pero, incluso desde lejos, muy presente, el carillón te recordará su sonido cada cuarto de hora. Suena brevemente en los cuartos de hora y se alarga algo más en la media hora. El exterior de la torre ha sido totalmente restaurado durante un periodo de cinco años, de 2019 a 2024.

VISITA

© LAURENT DAMBIES – FOTOLIA

Imponente fachada de la universidad de Utrecht.

▶ La visita por las escaleras dura aproximadamente una hora, mientras que si prefieres el ascensor, esta se reduce a media hora: la elección es tuya, pero nosotros, naturalmente, preferimos las escaleras. Las visitas guiadas alrededor de la torre te llevarán a través de dos mil años de historia. Están disponibles en inglés.

■ MUSEO DEL CONVENTO DE SANTA CATALINA ⭐⭐
Lange Nieuwstraat, 38
✆ +31 30 231 3835
www.catharijneconvent.nl
Este museo, fundado en 1978 y ubicado en un antiguo convento carmelita, recorre la historia del cristianismo en los Países Bajos y presenta la mayor colección de arte medieval del país. En él se exponen numerosos cuadros, manuscritos y diversos ornamentos eclesiásticos, algunos de los cuales datan del siglo IX. Hay obras de Rembrandt, Hals, Jan van Scorel, Geertgen tot Sint Jans (Gerardo de San Juan) y el magnífico cuadro *La Virgen con el Niño* de Van Cleve.

■ MUSEO SPEELKLOK ⭐
Steenweg, 6
✆ +31 30 2312 789
www.museumspeelklok.nl
Fundado en 1956 y ubicado en la iglesia medieval de Buurkerk desde 1984, este museo se enorgullece de ser ¡el más *cool* del país! Y ni los niños ni los padres discutirán esta afirmación. Cajas de música, relojes, instrumentos, órganos… desde el siglo XVIII hasta nuestros días. Todo un mundo de autómatas ocupa un lugar de honor en este museo. Ofrece visitas guiadas de 45 minutos cada hora y media (en inglés). También hay una cafetería y una tienda. ¡Para una gran excursión en familia!

■ NIJNTJE MUSEUM ⭐
Agnietenstraat, 2
✆ +31 30 2362 399
www.nijntjemuseum.nl
Inaugurado en 2006 y reabierto en 2023 tras unas reformas, este soberbio museo de mil quinientos metros cuadrados, que forma parte del Centraal Museum, está dedicado al conejo más famoso del mundo: Nijntje (al que en España conocemos como Miffy). Esta adorable figura fue creada por el dibujante de Utrecht Dick Bruna, fallecido en febrero de 2017. El espacio, dedicado a la monada, está especialmente indicado para los niños: contiene doce zonas de aprendizaje para descubrir el mundo, como la casa de Miffy, la tienda de Poppy Pig, la granja y la consulta del médico.

■ RIETVELD-SCHRÖDERHUIS ⭐⭐
Prins Hendriklaan, 50
✆ +31 30 236 23 10
Esta casa fue diseñada en 1924 por el arquitecto Gerrit Rietveld (1888-1964), a petición de Truus Schröder. Es un ejemplo del movimiento arquitectónico De Stijl. En la actualidad es y Patrimonio de la Humanidad de la Unesco, y está administrada por el Centraal Museum. Frente a esta casa se encuentra, desde 2002, la segunda residencia de Rietveld, una casa modelo de 1931 con mobiliario del propio Rietveld (Erasmuslaan, 9). El conjunto constituye una visita única del agrado de todos, no solo de los aficionados a la arquitectura y el diseño.

■ SPOORWEGMUSEUM – MUSEO DEL FERROCARRIL ⭐
Maliebaanstation, 16
✆ +31 30 230 62 06
www.spoorwegmuseum.nl

Este gran museo fue completamente renovado hace unos quince años. En la antigua estación de Maliebaan (siglo XIX) se exponen más de sesenta locomotoras, vagones y tranvías en forma de maquetas, modelos, grabados, pinturas y dibujos. Todo ello documentado en inglés para los visitantes. Aunque un poco alejado de la ciudad, este museo del ferrocarril neerlandés bien merece una visita. También organizan exposiciones temporales.

AMERSFOORT

Enriquecida en la Edad Media por el comercio de paños y por sus cerveceros, Amersfoort era una ciudad muy opulenta cuyo centro, bien conservado, atestigua hoy su antiguo esplendor. La ciudad tiene actualmente 155 000 habitantes y debe su crecimiento a las industrias química y metalúrgica. No lejos de Utrecht, es una de las urbes que prosperan en una región de fuerte crecimiento económico.

Aquí merece la pena ver la iglesia de San Jorge, flanqueada por su torre del siglo XIII, y la Onze Lieve Vrouwe Toren, una torre de iglesia gótica del siglo XV de cien metros de altura. Más cerca del suelo hay un museo de arte abstracto dedicado al artista Mondrian.

■ **MONDRIAANHUIS**
Kortegracht, 11
✆ +31 33 46 00 170
www.mondriaanhuis.nl
Este museo dedicado a Piet Mondrian ocupa la casa natal del artista. Aquí podrás ver nueve de sus obras naturalistas del primer periodo (1899-1908), adquiridas en 2022, seguir la evolución de su estilo y sorprenderte ante una reconstrucción a tamaño real de su estudio Mondrian en París. También se exponen obras de los movimientos de abstracción geométrica y arte concreto. Se han diseñado zonas especiales para niños, y la colección permanente se complementa con exposiciones temporales.

VISITA

GÜELDRES

Güeldres, Gelderland en neerlandés, es una provincia gratificante con muchos tesoros. No te pierdas Nimega, una histórica ciudad estudiantil con un ambiente único. Pasa un rato en el Veluwe para disfrutar de un entorno natural único. Y descubre el fabuloso Museo Kröller-Muller, en el interior de este parque nacional.

APELDOORN

Ciudad boscosa y sede de varias empresas de la provincia de Güeldres, su principal baza es su ubicación al borde del Parque Nacional De Hoge Veluwe. Sus zonas residenciales, con sus imponentes villas y fabulosos jardines, atraen a jubilados adinerados. Pero es sobre todo por el palacio real de Het Loo, en el norte de la ciudad, por lo que acuden aquí turistas y curiosos. Este palacio, una especie de Versalles con un toque neerlandés, fue el hogar de la familia real hasta la década de 1960. Recientemente renovado por completo, el palacio es uno de los lugares más visitados de los Países Bajos. No hay que perdérselo, aunque solo sea por sus jardines.

■ PALEIS HET LOO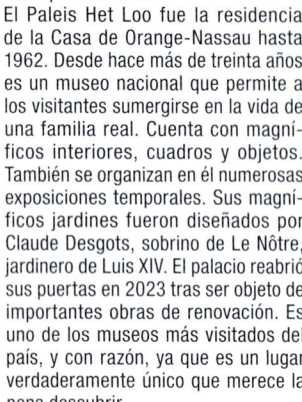

Koninklijk Park, 16
☎ +31 55 577 24 00
www.paleishetloo.nl

El Paleis Het Loo fue la residencia de la Casa de Orange-Nassau hasta 1962. Desde hace más de treinta años es un museo nacional que permite a los visitantes sumergirse en la vida de una familia real. Cuenta con magníficos interiores, cuadros y objetos. También se organizan en él numerosas exposiciones temporales. Sus magníficos jardines fueron diseñados por Claude Desgots, sobrino de Le Nôtre, jardinero de Luis XIV. El palacio reabrió sus puertas en 2023 tras ser objeto de importantes obras de renovación. Es uno de los museos más visitados del país, y con razón, ya que es un lugar verdaderamente único que merece la pena descubrir.

ARNHEM

Inmortalizada en la película estadounidense de Richard Attenborough *Un puente lejano* (1977), Arnhem es la capital de la provincia de Güeldres. La ciudad fue destruida en gran parte durante la Segunda Guerra Mundial, hasta el punto de que solo quedan unas pocas casas de antes. Arnhem vive hoy al ritmo del frenesí comercial que se ha apoderado de su centro. De hecho, es uno de los lugares más populares del país para ir de compras. Merece la pena visitar la iglesia gótica de San Eusebio, que domina la plaza Kerkplein.

NIMEGA

Nimega puede presumir de ser la ciudad más antigua de los Países Bajos. Fundada por los romanos en el año 70 d. C., Noviomagus, más tarde Nimega, comenzó así su larga historia. Carlomagno dejó aquí su huella al construir un palacio real en un alto, del que aún se conserva la capilla de San Nicolás en el parque Valkhof. Pero la ciudad también pasó a manos de Mauricio de Orange, que expulsó a los españoles en 1591. A finales del siglo XIX, Nimega comenzó a industrializarse y disfrutó de un periodo de prosperidad económica. Desgraciadamente, las bombas de la Segunda Guerra Mundial destruyeron en gran parte el centro de la ciudad.

■ BARBAROSSA-RUÏNE – RUINAS DE BARBARROJA

Benedenstad, Nimega
Parque de Valkhof
Al norte de la ciudad

Construida en 1155 por el emperador Federico Barbarroja, la capilla de San Martín formaba parte de un castillo. Hoy en día solo quedan unas ruinas formadas por un ábside semicircular y una pequeña parte del coro. Todo el complejo está enclavado en un hermoso parque, de visita obligada durante la estancia en Nimega. Protegidas tras la demolición del castillo de Valkhof, estas ruinas, junto con el parque y la capilla, están catalogadas como Monumento Histórico.

■ BELVÉDÈRE

Kelfkensbos, 60
☎ +31 24 323 17 46
belvederenijmegen.nl

Belvédère es el nombre que recibe una torre de vigilancia (1640) de las antiguas murallas de la ciudad, situada en un parque. Catalogada como Monumento Histórico, se conserva muy bien y alberga

VERSIÓN DIGITAL
GRATUITA

Consigue tu guía
digital escaneando
este código QR

o visita la página
www.ebookfute.com
e introduce el código
RS3853

una atractiva chimenea de roble con carrilleras de arenisca que data de 1626. La fachada de piedra es de 1646. En la actualidad se utiliza como lugar de celebración para eventos privados (a menudo bodas), con una terraza que ofrece unas vistas privilegiadas sobre el río Waal. Desgraciadamente, no se puede visitar, pero es un magnífico edificio para admirar paseando.

■ MUSEO HET VALKHOF

Kelfkensbos, 59
ⓒ +31 24 360 88 05
www.museumhetvalkhof.nl
El Museo Het Valkhof, recientemente renovado, presenta tres colecciones permanentes (Arqueología, Arte Antiguo y Arte Moderno) y organiza exposiciones temporales. El edificio, de notable arquitectura, fue diseñado por Ben van Berkel, arquitecto neerlandés de renombre internacional entre cuyas obras destacan el puente Erasmus de Róterdam, el Museo Mercedes-Benz de Stuttgart y la Casa Möbius, cerca de Ámsterdam.

▶ **Arqueología:** esta exposición reúne los mejores objetos encontrados en Nimega y en la provincia de Güeldres. Abarca tres periodos: la Historia Antigua, la dominación romana y la Edad Media. En la época romana, Nimega era la ciudad más importante de los actuales Países Bajos. Las excavaciones han desenterrado una gran cantidad de pequeños objetos de bronce y cristal que permiten conocer la vida de los soldados y los habitantes de Nimega en aquella época. No te pierdas el retrato en bronce del emperador Trajano y la *canthara* (vaso) de plata descubierta en Stevensweert, una obra maestra de la orfebrería antigua. Los mejores hallazgos proceden de tumbas, como los restos de

un guerrero franco que yace entre sus dos espadas y los arreos de su caballo.

▶ **Arte antiguo:** pinturas y objetos de plata. El yacimiento de Valkhof fue hogar de romanos, bátavos, reyes francos y duques de Güeldres. Ellos hicieron de Nimega una ciudad floreciente. El Valkhof también ha inspirado a muchos artistas. Son famosas las obras de Jan van Goyen, que quedó fascinado por la ciudad, en particular la *Vista sobre el patio del castillo Valkhof,* pintada en 1641.

En el sótano, la sala del Tratado de Nimega expone el famoso cuadro de Henri Gascard que representa la firma del Tratado de Nimega entre España y Francia el 17 de septiembre de 1678. Luis XIV devolvió Maastricht y el Principado de Orange, ocupados militarmente por los franceses desde 1672, a Guillermo III. España cedió a Francia el Franco Condado y numerosas plazas fuertes en Flandes y el norte de Francia.

▶ **Arte moderno:** del arte pop al arte contemporáneo. La colección está dedicada en gran parte al arte pop, con obras de artistas que dieron rienda suelta a su imaginación, como los dos representantes neerlandeses de este movimiento artístico, Woody van Amen y Gustave Asselbergs, surgidos a mediados de la década de 1950. El museo también ha concedido un lugar de honor a obras de los años 1980 y 1990, como *Le nid dans la tête,* de Garouste, y *Mock-up,* de Panamerenko. Merece igualmente la pena contemplar las asombrosas fotografías de Berend Strik y Ruud van Empel.

■ SINT-NICOLAASKAPEL – CAPILLA DE SAN NICOLÁS

Benedenstad, Nimega
Parque Valkhof

Al norte de la ciudad.
www.valkhof.nl
Una parte de la capilla de San Nicolás data de 1030. Es una de las pocas capillas bizantinas del noroeste de Europa. Los edificios religiosos de la región suelen tener forma de cruz, pero este tiene forma de polígono. En su interior se puede ver claramente la mampostería original del siglo XI. Se supone que esta asombrosa construcción, que muestra claramente la influencia arquitectónica de Asia Menor, se realizó por voluntad de una princesa bizantina, esposa del emperador Otón II, que vivió en el Valkhof a finales del siglo X.

■ DE WAAGH
Grote Markt
En el centro de la plaza del mercado (Grote Markt) se encuentra la báscula pública, un edificio construido en 1612 en estilo renacentista. Presenta una fachada con escalinata en la que se mezclan el rojo y el negro de las contraventanas con el rojo oscuro de la mampostería. La planta baja está ocupada por un restaurante. Al lado hay un grupo de cuatro casas construidas en el siglo XVII. Una de ellas, con pasadizo abovedado y frontón decorado (1605), conduce a la iglesia de San Esteban.

PARQUE NACIONAL DE HOGE VELUWE

Este parque nacional de la provincia de Güeldres es una verdadera maravilla. Situado a poco más de una hora en coche de Ámsterdam, es la mayor reserva natural de los Países Bajos (5500 hectáreas), y merece la pena visitarla. El parque alberga numerosos atractivos, como el magnífico Kröller-

Müller, que rivaliza con los mayores museos de Ámsterdam y La Haya. También hay un jardín de esculturas en el recinto. En resumen, este parque es una acertada combinación de naturaleza, arte y arquitectura.

■ KRÖLLER-MÜLLER MUSEUM
Houtkampweg, 6
Otterlo
✆ +31 31 8591 241
www.krollermuller.nl/es
El museo está situado en el corazón del parque De Hoge Veluwe.
¡Te espera una visita magnífica! El entorno es soberbio, pero lo que impresiona es, sobre todo, el museo, con su excepcional colección de obras de Van Gogh. Inaugurado en 1938, este museo fue construido según los planos del arquitecto Henry van de Velde, y lleva el nombre de su fundadora, Helene Kröller-Müller. El jardín de esculturas se añadió en 1961, y la nueva ala, diseñada por Wim Quist, se inauguró en 1977.
La colección se centra en la obra de Van Gogh, con 90 pinturas y más de 160 dibujos. El museo también cuenta con obras del movimiento De Stijl, incluidos los inquietantes autorretratos de Charley Toorop y cuadros de Piet Mondrian. También se exponen obras de Braque, Léger y Seurat. Las obras de Van Gogh están dispuestas alrededor de un patio, que conviene recorrer de derecha a izquierda para seguir cronológicamente la evolución del artista, en particular su progresivo uso del color. Esta colección es, sin duda, el punto culminante del museo, a su vez una de las principales atracciones del parque.
El impresionismo ocupa igualmente un lugar destacado, con obras de

VISITA

Cézanne, Renoir y Monet. Varias salas están dedicadas a la Edad de Oro de la pintura neerlandesa. El museo alberga además una importante colección de cerámica griega y porcelana china, así como una rica sección de arte contemporáneo, con obras de Giacometti, Beuys y muchos otros.

▶ El museo cede gratuitamente bicicletas **para explorar el Parque Nacional De Hoge Veluwe**.

FLEVOLANDA

He aquí una provincia que no se parece a ninguna otra, y es lógico: ¡fue creada enteramente por un pólder! La provincia de Flevolanda está formada casi en su totalidad por tierras ganadas al mar mediante el drenaje de parte del Zuiderzee. Flevolanda alberga ciudades nuevas donde la arquitectura contemporánea es la reina y la sostenibilidad, un tema central. La presencia del agua es fundamental, con muchas actividades basadas en ella. Una región de futuro, fundamental para el desarrollo del país.

ALMERE

Si eres de los que piensan que los Países Bajos son solo un país con mucha historia, te sugerimos una visita a Almere. Al fin y al cabo, se trata de una ciudad completamente nueva y de reciente creación. De hecho, Almere es de todo menos pintoresca. Conectada con Ámsterdam por la autopista A-6, la localidad es tan nueva como los álamos y los abedules plantados a lo largo de la carretera. Como Lelystad, situada más al norte (y capital de la provincia), esta nueva ciudad fue creada hace unos cuarenta años tras la desecación del Ijsselmeer. Actualmente tiene más de 215 000 habitantes y está a la vanguardia de la arquitectura y la sostenibilidad.

LELYSTAD

Lelystad es la capital de la joven provincia de Flevolanda. Toma su nombre del ingeniero Cornelius Lely, quien inició las obras de construcción del dique. Al este de la ciudad, los pólderes se utilizan para el cultivo de hortalizas y para instalar viveros. Con una población de más de 77 000 habitantes, esta nueva ciudad es también un bienvenido alivio para la superpoblada Ámsterdam. No te pierdas su estación futurista y la réplica del famoso barco *Batavia*.

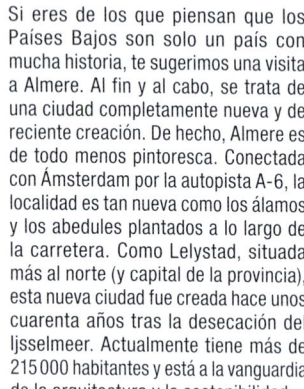

© IVONNE WIERINK – FOTOLIA

La forma innovadora de los edificios crea un skyline dinámico.

NORTE

Visitar el norte de los Países Bajos te abrirá nuevos horizontes y te dará una nueva perspectiva del país. Salir del Randstad también significa acceder a una mayor tranquilidad y a una menor densidad de población. Nosotros tenemos tres favoritos: Groninga, Leeuwarden y las islas Frisias (o Wadden). Groninga es una ciudad sorprendente, clásicamente neerlandesa, con canales y fachadas históricas, y todo ello salpicado de arte moderno, con el museo Groninger y el modernísimo Forum. Leeuwarden, en Frisia, es una encantadora y típica ciudad portuaria, con su asombrosa torre inclinada, la Oldehove, su ambiente, sus cafés, sus museos… todo lo cual se presta maravillosamente a una escapada sin prisas. Las islas Frisias son de visita obligada, con su naturaleza única, sus impresionantes paisajes y sus playas que invitan a dar paseos con viento o con sol. ¿Nuestra preferida? Terschelling, con su precioso casco histórico.

OVERIJSSEL

Una escapada a Overijssel debe comenzar con una visita al museo De Fundatie de Zwolle. ¡Acércate sin dudarlo!

ZWOLLE ★★

Zwolle es una bonita ciudad a 80 km al norte de Ámsterdam. Es la capital de la provincia de Overijssel. Tiene más de 130 000 habitantes, lo que la convierte en el decimonoveno municipio más poblado de los Países Bajos. Ya en 1448 formó parte de la Liga Hanseática, y siguió prosperando. Zwolle tiene interés turístico e histórico. La ciudad fue ocupada por los alemanes en junio de 1940 y liberada el 14 de abril de 1945 por Léo Major, un canadiense del regimiento de La Chaudière. Es una ciudad que merece la pena descubrir, y un buen lugar para comenzar la visita es el icónico museo De Fundatie.

■ **DE FUNDATIE** ★★★

Blijmarkt, 20

✆ + 31 572 388 188

www.museumdefundatie.nl

Ubicado en un antiguo palacio de justicia de estilo neoclásico, este museo de bellas artes se fundó en el año 1994. Inicialmente estaba dedicado al arte marginal (Outsider art), y desde 2004 expone también piezas de arte moderno.

En 2012-2013 experimentó su transformación más reciente, con la adición de una sorprendente sala de exposiciones (una especie de huevo aplanado) en la azotea del edificio. La colección, muy ecléctica, ha sido reunida por Dirk Hannema, antiguo director del Boijmans y fundador del museo, mientras que las exposiciones temporales son innovadoras. Algunas de su obras se exponen en el castillo Het Nijenhuis.

NORTE

LOOG

Mar del Norte

Mar de Wadden

Pinkegat

30 KM

Borkum

SCHIERMONNIKOOG ★★★

AMELAND ★★★

Hollum

TERSCHELLING ★★★
West-Terschelling

VLIELAND ★★★

Delfzijl
Bierum
Uithuizen
Garsthuizen
Bedum
Winsum
Leens
Oldehove
Zuidhorn

GRONINGA (GRONINGEN) ★★★
A-7
Zuidlaren
Gieten
ASSEN ★★
Norg
Veenhuizen
Roden
A-7
Fochteloo
Haulerwijk
N-381
Drachten
Kollum
Lutjegast
Dokkum
Ternaard
Damwâld
Ferwert
Zwarte Haan
Sint Annaparochie
Berltsum
LEEUWARDEN ★★★
Mantgum
Nij Beets
Tijnje
Goingarijp
SNEEK ★★
Blauwhuis
Makkum
Gaast
Harlingen
Winsum
Arum
FRANEKER ★★

A-7

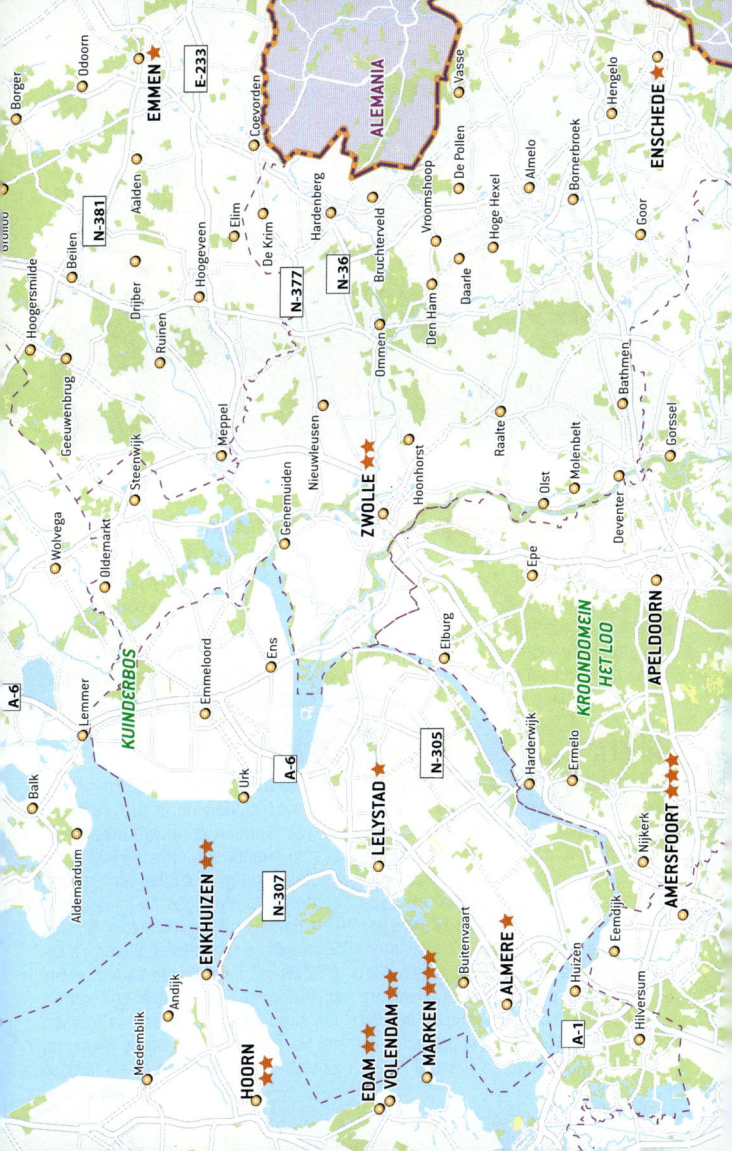

© ARJEN DE RUITER - SHUTTERSTOCK.COM

Assen.

DRENTE

La provincia de Drente no ofrece la imagen típica de los Países Bajos. Las tierras del este se encuentran por encima del nivel del mar, y el viajero descubrirá un paisaje de vastos bosques, páramos y parques que albergan ricas explotaciones agrarias.

ASSEN

La ciudad de Assen, capital de la provincia de Drente, se remonta al año 1259, cuando se estableció en el lugar un convento de las monjas de María de Campis. Se convirtió en municipio independiente por orden de Luis Napoleón en el 1807 con la incorporación de los municipios circundantes. Y obtuvo sus derechos como ciudad en 1809. Assen creció considerablemente después de 1900, y antes de la Segunda Guerra Mundial tenía una población de 22 000 habitantes. La zona de Assen fue escenario de la Operación Amherst, en la que participaron las fuerzas británicas y más de setecientos paracaidistas franceses con el fin de desorganizar a las fuerzas alemanas en abril de 1945, justo antes de que la ciudad fuera liberada por los canadienses.

EMMEN

Con sus 109 000 habitantes, Emmen es la mayor ciudad de la provincia de Drente, aunque el núcleo urbano en sí solo cuenta con unos 56 000 residentes. Esta gran ciudad no tiene un centro histórico digno de tal nombre, pero ha construido su reputación gracias al parque de animales de Dieren y a las tumbas megalíticas (de época protohistórica) que se pueden explorar en los alrededores. El apodo de Emmen es «la ciudad de las mariposas», un apelativo que proviene de su famoso zoo, el cual añadió una magnífica zona dedicada a las mariposas en 2016. Desde su reconstrucción tras la guerra, es una ciudad abierta y verde.

GRONINGA

Groninga es la provincia del noreste del país, limítrofe con Alemania. Su capital homónima, Groninga, es una ciudad fascinante que merece la pena visitar, al igual que la campiña circundante.

GRONINGA (GRONINGEN)

Groninga, la «perla del norte» y capital de la provincia que lleva su mismo nombre, tiene un encanto muy especial. Rodeado por un ancho canal, el centro de la ciudad está libre de coches, para deleite de turistas y curiosos. Dañada por los bombardeos de la Segunda Guerra Mundial, hoy la ciudad combina con éxito la arquitectura moderna con los edificios históricos. Su renombrada universidad le confiere un aire de capitalidad. Con una población de 200 000 habitantes, ¡unos 50 000 son estudiantes! Groninga es famosa por su arquitectura moderna, pero también por sus museos. El Groninger Museum es uno de los más populares.

■ ESTACIÓN DE GRONINGA
Stationplein, 26
La primera línea ferroviaria que unía Groninga con Leeuwarden se construyó en 1866. La estación originaria fue sustituida en 1872 por una segunda más grande. Veinte años más tarde se decidió levantar la estación actual. El edificio, diseñado por Isaac Gosschalk (1838-1907), se concluyó en abril de 1896 (y no en 1895, como indica la inscripción del frontón). El complejo fue renovado y modernizado hasta recuperar su aspecto original en 1999. Es uno de los edificios más representativos de la Groninga del siglo XIX.

■ GOUDKANTOOR
Waagplein, 1
✆ +31 50 589 18 88
www.goudkantoor.nl
Este edificio de fachada ricamente decorada data de 1635. No recibió el nombre de *goudkantoor* hasta el siglo XIX, cuando se utilizaba como lugar para perforar metales (*goud* significa «oro» y *kantoor*, «oficina»). Es uno de los edificios más ilustres de la ciudad. Es de estilo renacentista, con motivos de conchas sobre las puertas y las ventanas. En el siglo XX albergó varios museos, antes de convertirse en la oficina de turismo y, actualmente, en un café. El edificio está presente en el Madurodam, el museo de miniaturas del país.

■ MUSEO GRONINGER
Museumeiland, 1
✆ +31 503 666 555
www.groningermuseum.nl
Este museo es sencillamente impresionante. El edificio forma una península situada a un tiro de piedra de la estación central. Fue diseñado por Alessandro Mendini, quien encargó a diferentes arquitectos la creación de los distintos bloques. Philippe Stark diseñó el pabellón de la porcelana china y japonesa. El estudio de arquitectura austriaco Coop Himmelb(l)au se encargó del colorido

edificio central, que es el rasgo distintivo del museo. Michele De Lucchi es el responsable del edificio que alberga las colecciones del grupo De Ploeg, el movimiento de artistas *made in* Groninga. El resto de edificios del museo (vestíbulo, almacén, tienda, café-restaurante y biblioteca) son obra de Mendini. Los diferentes estilos reflejan la diversidad de las exposiciones. Por fuera, el vestíbulo es una torre dorada coronada por cuatro picos. Por dentro, es una sinfonía de colores.

En los pasillos, ¡se diría que se está en Venecia, sobre los canales! Primero se entra en un espacio dedicado a la platería eclesiástica, y los antiquísimos objetos adquieren una nueva dimensión en su innovador marco. A continuación, el pabellón presenta obras del movimiento De Ploeg. Philippe Starck convierte la visita a la colección de porcelana en una experiencia lúdica. El espacio es una sala redonda con cortinas blancas ondulantes que crean paredes imaginarias y flexibles. La colección mezcla obras antiguas y recientes, entre ellas un precioso plato de Jeff Koons.

La escenografía de las colecciones es increíble. Nuestro favorito es el pabellón Himmelb(l)au. Esta creación ilustra la corriente arquitectónica conocida como deconstructivismo, que pretende dar un vuelco a todas las tradiciones que imperan en la arquitectura y a elementos tradicionales como ventanas, puertas, etc., que se desvinculan de su función tradicional. El resultado es un grandioso espacio finisecular dominado por el hormigón, el acero y el cristal. Este espacio tridimensional es asombroso y emocionalmente convincente. Una pasarela metálica atraviesa las obras expuestas.

Merece la pena visitar el museo por su edificio, sus colecciones y su increíble escenografía. Cada detalle está pensado con esmero, e incluso una visita a los aseos está llena de sorpresas. El restaurante es famoso y la decoración, con sus paredes de color rojo vivo, magnífica. Consulta la página web para informarte sobre las exposiciones temporales: en los últimos años ha acogido la increíble exposición de David Bowie y la de Chihuly, sencillamente mágica.

■ **MARTINITOREN**

Martinikerkhof, 3
✆ +31 50 313 97 41
visitgroningen.nl

Apodada Olle Grieze («la vieja gris»), Martinitoren es el orgullo de todos los habitantes de Groninga. Fue construida entre 1465 y 1482. Con 97 metros de altura, es la tercera torre más alta del país, y es posible subir (abierta todos los días) a las tres primeras galerías. Sus 311 escalones te llevarán a la cima de Groninga, desde donde podrás disfrutar de las fabulosas vistas… Y no olvides el carillón de la torre, ¡con nada menos que 49 campanas! Si te fijas bien, una de las campanas fue perforada por una bala durante la liberación de la ciudad por las fuerzas canadienses, en abril de 1945.

■ **STADHUIS – AYUNTAMIENTO**

Grote Markt

El Ayuntamiento está situado en la gran plaza central de la ciudad, la Grote Markt o plaza del mercado. El edificio fue diseñado por Jacob Otten Husly en estilo neoclásico neerlandés. Tardó mucho tiempo en construirse, ya que las obras comenzaron en 1792 y no se inauguró hasta 1810. En la década de

1960 se incorporó un anexo, que fue rápidamente demolido y sustituido por el complejo Natalini. En la fachada hay una placa conmemorativa de la liberación de 1945. El vestíbulo de entrada exhibe unas magníficas pinturas.

FRISIA

Frisia es una provincia agrícola y tradicional de los Países Bajos. Es la más extensa, y famosa por su tradición de patinaje sobre hielo al aire libre, una tradición que últimamente está en peligro a causa de los inviernos cada vez más suaves. La ciudad de Leeuwarden es especialmente agradable. Además del neerlandés, aquí también se habla el frisón.

LEEUWARDEN ★★★

La capital de Frisia es una agradable ciudad con un casco antiguo surcado por canales. Al llegar, te sorprenderá ver paisajes bucólicos con vacas, magníficas granjas y tierras llanas y tranquilas hasta donde alcanza la vista. Aquí la industria láctea está muy desarrollada, y la raza de vaca conocida como frisona, blanca 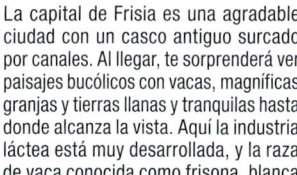 y negra, es mundialmente conocida. Los canales se han remodelado para permitir la navegación de recreo por la ciudad. En los días que hace buen tiempo, hay un ballet constante de barcos, lo que genera un ambiente muy especial. La ciudad recibe el sobrenombre de «el diamante azul del norte», en referencia al canal que la rodea.

■ **FRIES MUSEUM (MUSEO FRISÓN)** ★★
Wilhelminaplein, 92
✆ +31 58 255 55 00
www.friesmuseum.nl
El Fries Museum (Museo Frisón) es el reclamo principal de Leeuwarden y atrae a cientos de miles de visitantes cada año. Los fondos que alberga son tan extensos como diversos: incluye muchos objetos de oro y plata y numerosas pinturas, entre

VISITA

© RIEKELT HAKVOORT – SHUTTERSTOCK.COM

Base aérea de Leeuwarden.

ellas un retrato de Saskia van Uylenburgh, la primera esposa de Rembrandt. También hay secciones dedicadas al mobiliario, a la industria textil, la arqueología y la vida de la sensual bailarina Mata Hari. El edificio alberga igualmente el Museo de la Resistencia, parte integrante del Fries Museum.

■ GROTE KERK

Bredeplaats, 4
✆ +31 58 212 83 13
www.grotekerkleeuwarden.nl

Construida entre los siglos XIV y XVI, esta iglesia es el edificio más antiguo de la ciudad. Durante siglos, los miembros frisones de la familia Nassau, antepasados directos de la familia real neerlandesa, fueron enterrados aquí. Leeuwarden, Breda y Delft son las tres únicas ciudades del país que poseen panteones reales. El órgano, construido por Christian Müller entre 1724 y 1727, es muy famoso. No te pierdas la Oranjepoort, la puerta de los naranjos reservada a los estatúders, como demuestran su naranjo de cobre y el escudo de Leeuwarden.

■ OLDEHOVE

Oldehoofsterkerkhof
✆ +31 58 233 2350
www.oldehove.eu

Se trata de la torre inclinada de la ciudad, que nunca llegó a terminarse y hoy es un verdadero símbolo de Leeuwarden y el orgullo de sus gentes. Cuando la ciudad se convirtió en capital de Frisia, en 1504, se sintió la necesidad de contar con una gran torre como símbolo de poder. Su construcción comenzó en 1529. En un principio se pretendía que fuera más alta que la Martinitoren de Groninga y se levantó en el emplazamiento de lo

que era el cementerio más importante de la ciudad.

Consciente del riesgo de caída debido a los suelos arcillosos de Frisia, el arquitecto Jacob van Aken reforzó la construcción utilizando sucesivamente cal dura y arcilla. Pero fue en vano, ya que la torre empezó a hundirse al alcanzar una altura de diez metros, transformándose en una torre inclinada como la de Pisa. La construcción se reanudó entonces en ángulo recto, en un intento de corregir la inclinación. Como resultado, Oldehove no solo está inclinada, sino también torcida. La construcción se detuvo en 1533, y cuenta la leyenda que el arquitecto murió de pena…

Tiene un total de 183 escalones (por desgracia, el ascensor eléctrico ha desaparecido, lo que imposibilita la subida a algunos visitantes). Hasta 1599 tenía dos entradas, una al este y otra al oeste. Las vistas sobre Leeuwarden y sus alrededores desde lo alto de la torre son, cuando menos, impresionantes. Los lugareños están muy orgullosos de esta torre única, y un dicho frisón dice: *A'k de Oldehove niet siën ken, dan foël ik my onwennich* (cuando no veo la torre, me siento mal).

■ PRINCESSSEHOF – MUSEO NACIONAL DE CERÁMICA

Grote Kerkstraat, 9
✆ +31 582 948 958
www.princessehof.nl

Este museo ocupa un soberbio palacio del siglo XVII, que en el XVIII fue residencia de Maria Louise van Hessen-Kassel, viuda de Juan Guillermo Friso, príncipe de Orange y estatúder de Frisia. También fue aquí donde nació, en 1898, el famoso artista gráfico M. C. Escher. Repartido en tres edificios unidos por ingeniosos puentes transparentes, el Museo Nacional de Cerámica

Princessehof ha sido completamente renovado y modernizado por el arquitecto Marten Atsma, en colaboración con Wim Crouwel. La colección incluye, entre otras, obras japonesas, aunque las más impresionantes son las cerámicas chinas. Se presentan en un contexto histórico que se remonta al tercer milenio antes de Cristo. En la planta baja, el comedor de la princesa, magníficamente decorado, permite admirar también algunas bellas porcelanas chinas. El ala europea se centra en las cerámicas de Delft y Wedgwood. Las salas del ático, con sus vigas de madera de época, también merecen una visita. El museo posee la mayor colección de azulejos del mundo, con piezas procedentes de España, Francia, Italia y, sobre todo, de Turquía e Irán. También se exponen piezas de art nouveau y art déco neerlandés. En el sótano hay una zona especial para niños, con un taller de creación. La colección se completa con exposiciones temporales. Después de la visita, haz una parada en el encantador salón de té y en la tienda.

© FOTOKATE – ISTOCKPHOTO.COM

El puerto de Sneek es uno de los más importantes de las islas Frisias.

SNEEK

La pequeña localidad de Sneek, en los lagos frisones, es la meca de los aficionados a la vela y cuenta con uno de los mayores puertos deportivos del país. Al sur de la ciudad, el pintoresco e imponente puente de 1613 salva el cauce del río Geeuw, y es el último vestigio de las antiguas murallas, destruidas en el siglo XVIII. Con sus dos enormes torres octogonales que se elevan hacia el cielo, el puente resulta aún más imponente.
El centro de Sneek es encantador, con sus casas de ladrillo rojo y cubiertas a dos aguas. El ayuntamiento, con su impresionante fachada rococó del siglo XVIII, merece ser admirado.

FRANEKER ⭐⭐

Franeker, o *Frjentsjer* en frisón, fue la sede de las universidades de Frisia desde 1585 hasta 1811 (cuando Napoleón las cerró). Entre sus famosos estudiantes se encontraban el filósofo francés René Descartes y Pieter Stuyvesant, futuro gobernador de la colonia norteamericana de Nueva Ámsterdam (la posterior Nueva York…). Frente al ayuntamiento se puede visitar el planetario más antiguo del mundo. Se cree que la ciudad fue fundada en el año 900 y que su nombre significa «tierra del rey». Antiguamente era una localidad independiente, pero en 1984 pasó a formar parte del municipio de Franekeradeel, y desde entonces se ha fusionado con Waadhoeke. Aquí murió el astrónomo Eise Eisinga.

VISITA

ISLAS FRISIAS

Las islas Frisias (Waddeneiland en neerlandés, también conocidas como islas Wadden) constituyen una cadena de islas costeras que se extienden desde Holanda (con la isla de Texel) hasta Dinamarca (con la isla de Fanø), pasando por Alemania. El mar de Wadden (los *wadden* son las enormes extensiones de lodo y arena que aparecen con la marea baja) conforma una de las mayores zonas naturales de Europa, y debe sus características al flujo y reflujo del mar, con enormes bancos de arena que emergen con la marea baja. En estos bancos viven familias de focas y numerosas aves. Las islas albergan cientos de plantas raras. Las cinco islas principales son, de oeste a este: Texel [se pronuncia (tessel)] —la mayor, de 25 por 9 km—, Vlieland —la más pequeña, de 20 por 2 km—, Terschelling, Ameland y Schiermonnikoog. Cada isla tiene su encanto especial, y recomendamos especialmente Terschelling por su naturaleza, sus bosques, su biodiversidad, sus pequeños pueblos y las extensas playas.

TEXEL

Conocida como la «isla de los pájaros», Texel emerge frente al extremo septentrional de la península holandesa. La isla ha permanecido relativamente virgen, y afortunadamente aún lo es. En una superficie reducida (25 km de largo por 10 de ancho), ofrece una gran variedad de paisajes y una maravillosa sensación de cambio de escenario: una larga playa de arena fina a lo largo de la costa oeste, altas dunas con una densa vegetación y algunas plantas raras, numerosos bosques de árboles centenarios que cubren casi una quinta parte de la superficie insular, y estanques y marismas que albergan diversas especies de aves migratorias (cigüeñas blancas, espátulas…).

VLIELAND

Con doce kilómetros de largo y dos de ancho, Vlieland es la isla frisona más alejada de la costa. Está situada entre las islas de Texel y Terschelling, y toma

Vlieland.

su nombre del Vlie, una corriente del mar de Wadden. Vlieland solo tiene un pueblo. Antiguamente había dos, pero uno fue evacuado en el siglo XVIII debido a las inundaciones. Al igual que Terschelling, perteneció a Holanda Septentrional, pero desde 1942 forma parte de Frisia. La isla es en gran parte boscosa y tiene una singular característica paisajística: el *Vuurboetsduin,* una duna de cuarenta metros de altura coronada por un faro rojo. Esta duna y su faro son los símbolos de la isla.

VISITA

TERSCHELLING ★★★

Terschelling es una isla realmente magnífica, que combina un ambiente típico de pueblo —con acogedores cafés y restaurantes— con una impresionante belleza natural y playas aparentemente vírgenes. Te recomendamos pasar aquí un fin de semana largo para cambiar completamente de aires y disfrutar de paisajes impresionantes. Si el frío no te asusta demasiado, merece la pena ir en primavera para evitar las hordas de turistas. Si no, junio es el momento del famoso festival de teatro callejero de Oerol. Para descubrir la isla, especialmente la belleza virgen de la parte oriental, lo mejor es dar largos paseos en bicicleta.

SCHIERMONNIKOOG ★★★

Es la más pequeña de las islas Frisias habitadas, con un millar de habitantes. Su único pueblo, que también se llama Schiermonnikoog, fue fundado hacia 1760. La isla es famosa por su flora y fauna, e incluso en plena temporada turística las aves superan en número a los visitantes. Tanto mejor. La mayor parte está catalogada como parque

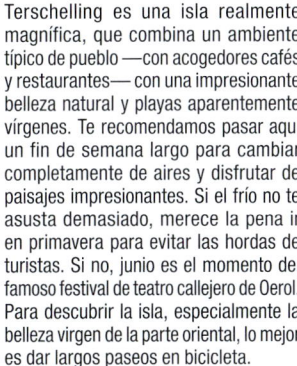
Granja tradicional en Terschelling.

nacional. Schiermonnikoog es el lugar perfecto para que los amantes de la naturaleza recarguen las pilas en un entorno único. Ten en cuenta que en esta isla no están permitidos los coches.

AMELAND ★★★

Con sus dunas, bosques y reservas de aves, Ameland es sin duda la perla de las islas Frisias. Los diminutos pueblos de Hollum, Buren, Ballum y Nes (con la antigua casa del comandante) han conservado parte del ambiente especial de los siglos XVIII-XIX, cuando los hombres de estas tierras aún se dedicaban a la caza de ballenas. Hoy, la pequeña isla vive del turismo y bien merece una visita, preferiblemente fuera de temporada para evitar las hordas de turistas. La isla contaba antaño con otros dos pueblos ya desaparecidos. Acércate a descubrir la interesante biodiversidad de la isla, sus hermosas dunas y sus playas.

SUR

Esta zona comprende las provincias de Zelanda, Brabante Septentrional y Limburgo. El sur del país es predominantemente católico y ligeramente montañoso, incluso es conocido como «las montañas neerlandesas». En cierto modo, es la anti-Holanda de los tópicos: menos rigor y más diversión, como demuestra el tradicional carnaval que se celebra con gran pompa todos los años. Es una región llena de color, el Empordà de los Países Bajos, que no puedes dejar de lado en tu visita al país.

La zona estuvo durante mucho tiempo subordinada a Francia y funcionó como una especie de colonia dirigida por los holandeses de La Haya. No fue hasta el siglo XIX cuando estas provincias se independizaron. La ciudad de Maastricht es el corazón de la región. Es incluso el corazón de Europa: geográficamente, pero sobre todo históricamente. Aquí se firmó el tratado del mismo nombre, el tratado fundacional de la Unión Europea y el que dio lugar al nacimiento del euro.

ZELANDA

La provincia meridional de Zelanda (literalmente «tierra del mar») está formada por seis grandes islas y penínsulas situadas en las desembocaduras de los ríos Rin, Mosa y Escalda. Sus inmensas playas y pequeñas y bonitas ciudades medievales, como Zierikzee y Midelburgo, capital de la provincia, atraen a veraneantes, amantes de la naturaleza y aficionados al surf, el submarinismo y el marisco.

y artistas que se maravillan con los deslumbrantes matices de los prados en flor en primavera. Lo mejor es recorrerlo a pie o en bicicleta, pues se pueden seguir con seguridad los senderos que atraviesan sus reservas naturales. Es un territorio maravilloso para explorar, con una gran variedad de excursiones posibles y con el mar siempre presente en todos los itinerarios.

ZUID-BEVELAND

Zuid-Beveland, o el territorio entre el Oosterschelde y el Westerschelde, es un espacio magnífico, protegido por diques y salpicado aquí y allá de pueblos adormecidos. Gran parte de la península está incluida dentro del espacio protegido del Paisaje Nacional del Sur de los Países Bajos. Siempre ha sido fuente de inspiración para fotógrafos

WALCHEREN

Habitada desde la época romana, la isla de Walcheren toma su nombre de *wahl*, palabra germánica que designa a la población local, poco a poco romanizada. Sumergida muchas veces a lo largo de la historia, permaneció deshabitada durante los siglos III y IV. Se convirtió en isla después del siglo IV, cuando Zelanda quedó sumergida. Ahora es una península y limita con los munici-

© BOERESCU – SHUTTERSTOCK.COM

Walcheren.

pios de Zuid-Beveland. Es la isla más poblada de Zelanda. Fue ocupada por la Alemania nazi. En 1953 la región sufrió terribles inundaciones, y posteriormente la isla quedó en gran parte protegida por diques renovados. Sus tres municipios son Vlissingen, Midelburgo y Veere.

MIDELBURGO (MIDDELBURG)
⭐⭐⭐

Antaño muy importante, Midelburgo es una de las ciudades más antiguas de los Países Bajos. El 17 de mayo de 1940 su núcleo medieval fue destruido en gran parte por los bombardeos alemanes. Sin embargo, los monumentos históricos más emblemáticos y varias calles enteras fueron reconstruidos minuciosamente. Gracias a los esfuerzos de reconstrucción y a la rehabilitación de sus barrios más bellos, Midelburgo ha recuperado su encanto histórico. Una característica curiosa: los grandes canales que rodean la ciudad forman una estrella. La capital de Zelanda es una ciudad atractiva e interesante, que bien merece una excursión de un día.

■ GRAANBEURS – MERCADO DEL GRANO ⭐
Damplein
El mercado de cereales estaba anteriormente en otro lugar de Midelburgo, que fue demolido en 1969 para sanear el centro de la ciudad. Replicado, aunque a menor escala, en la majestuosa Damplein, esta lonja alberga hoy renombradas obras de arte contemporáneo. Conocido actualmente como Podio del Mondo per l'Arte, es un lugar estupendo para pasear y contemplar las numerosas obras de arte, losas caligráficas y mucho más. Todos los primeros sábados de mes el lugar acoge un mercadillo.

■ AYUNTAMIENTO ⭐
Lange Noordstraat, 1
En la plaza del mercado se halla uno de los edificios laicos más bellos del país. Construido entre 1452 y 1458, fue

destruido casi por completo durante los bombardeos de 1940, pero se reconstruyó con total fidelidad al original. La fachada, que data de 1513, está decorada con estatuas de los 25 condes y condesas de Zelanda y Holanda. Como en la Edad Media, las ventanas y puertas de las casas se cierran con postigos de madera blanca y roja, pues el cristal era raro en aquella época. La Academia Roosevelt tiene aquí parte de su sede. El edificio acoge regularmente exposiciones en el lado Vleeshal.

VISMARKT ⭐

Vismarkt

Vismarkt es un antiguo mercado de pescado. Forma una de las plazas más pintorescas de Midelburgo, aunque hay varias. Está pavimentada con adoquines y sombreada por tilos y castaños. Todavía hoy se celebran aquí mercados con regularidad: los jueves hay un mercado de antigüedades y los sábados es el turno del mercado de objetos de segunda mano. También hay una bonita fuente y la estatua de Sofie, una niña que se inclina como para dar un beso. La estatua data de 2001 y es obra del artista Sjer Jacobs.

■ ZEEUWS MUSEUM ⭐⭐⭐

Abdij, 4
✆ +31 118 65 30 00
www.zeeuwsmuseum.nl

Este magnífico museo es una auténtica oda a Zelanda. Muestra las artes y técnicas tradicionales características de esta provincia. Encontrarás trajes tradicionales, joyas, tapices, fósiles, bordados, plegados, conchas, porcelana y platería. El museo también rinde homenaje a artesanos y técnicas tradicionales puestas al día, como la ebanistería. Las salas en sí son magníficas, y recomendamos pasar algún tiempo en la sala de tapices. El museo cuenta con una encantadora tienda y una cafetería-restaurante.

THOLEN ⭐⭐

Al noroeste de la ciudad de Bergen op Zoom se extiende la península de Tholen, con la ciudad principal del mismo nombre. Toma su nombre de *tolhuis*, que significa «aduana» en español. El municipio tiene una población de 25 500 habitantes. Se trata de una ciudad histórica y pintoresca, que recibió sus derechos en 1366. Al igual que otras localidades de Zelanda, a lo largo de los años ha tenido que hacer frente con regularidad a las inundaciones. Su centro está fortificado y bordeado por un puerto. En la actualidad, toda la zona es un paraje protegido, al igual que sus monumentos. Destacan la hermosa iglesia de Nuestra Señora, de estilo gótico brabantino, y sus dos molinos, De Hoop y De Verwachting, renovados en 2009.

SCHOUWEN-DUIVELAND

⭐⭐⭐

La historia de Schouwen-Duiveland es una dura batalla contra las olas. Las inundaciones de 1953 dejaron su huella en el paisaje y marcaron a generaciones. Más de ochocientos monumentos conmemoran la magnitud de un desastre que en su día devastó una región próspera. A la prosperidad le siguió la miseria y una reconstrucción lenta, pues el Estado consideró que no había una necesidad urgente de reconstruir. La región honra su doloroso pasado al tiempo que mira hacia el futuro. El Museo Watersnood es una joya que no hay que perderse si se quiere comprender la historia de la región y del país. El pueblo de Zierikzee parece sacado de una postal.

■ WATERSNOODMUSEUM – MUSEO DE LAS INUNDACIONES

Weg van de Buitenlandse Pers, 5
Ouwerkerk
✆ +31 111 644 382
www.watersnoodmuseum.nl

Este museo único te dejará una impresión duradera y poderosa. Dedicado a las terribles inundaciones que asolaron la región en 1953, abrió sus puertas en 2001 en uno de los cuatro cajones utilizados para cerrar la grieta del dique cercano al pueblo de Ouwerkerk. En un principio ocupaba un solo cajón, pero ahora ocupa cuatro y ofrece una mirada retrospectiva a aquella catástrofe mortal que dejó una huella indeleble en todo el país. El museo permite a los visitantes revivir la catástrofe y las operaciones de rescate, y conocer mejor a las víctimas y los supervivientes. La población, profundamente religiosa, se vio increíblemente afectada por aquella tragedia. Incluso hoy, a los supervivientes les resulta difícil hablar de lo que vivieron durante la noche del 31 de enero al 1 de febrero de 1953. Cada cajón del museo está dedicado a una temática:

▶ El primero evoca los hechos y el contexto de la tragedia.

▶ El segundo se centra en las emociones, con la conmovedora instalación «1835+1» en homenaje a las víctimas.

▶ El tercer cajón está dedicado a la reconstrucción, el movimiento de solidaridad internacional y la génesis del plan Delta.

▶ El cuarto mira hacia el futuro y las cuestiones medioambientales.

El museo también cuenta con una tienda y una cafetería. Un paseo por los alrededores, parte integrante del museo, ofrece un magnífico espectáculo donde tierra y mar se funden en el paisaje típico de Zelanda. Una visita imprescindible para comprender el impacto de aquella tragedia en la región y sus habitantes.

SINT-PHILIPSLAND ⭐

Hasta 1973, Sint-Philipsland era una isla. Ahora forma parte de la península de Tholen, donde se encuentra el municipio homónimo. Ocupa una superficie de 25 kilómetros cuadrados. En la actualidad, Sint-Philipsland tiene más de 2600 habitantes. En el pueblo hay una torre de agua de casi treinta metros de altura. En las décadas de 1970 y 1980, este municipio, aunque muy conservador (por el partido SGP), tuvo su primera mujer secretaria municipal. Naturalmente, al ser un pueblo muy religioso, cuenta con varias iglesias y lugares de culto. En particular, hay una histórica iglesia reformada que data de 1668 y que bien merece una visita.

VEERE ⭐⭐⭐

¡Atención, una joya! Veere es una ciudad sublime (en realidad es más bien un pueblo, dado su tamaño). Situada al noreste de Midelburgo, cuenta con 1600 habitantes. Su historia se remonta al siglo XIII, cuando se fundó la aldea de Kampvere. El lugar obtuvo el monopolio de las importaciones de lana de Escocia en 1541 y prosperó. Veere fue la primera ciudad neerlandesa donde se cultivó tabaco. Tiene muchos edificios típicos

Se puede pasear fácilmente por las calles de Zierikzee.

e históricos, y un puerto muy bonito. Es una parada casi obligatoria en un recorrido por la región, y por muchas razones.

ZIERIKZEE

La ciudad medieval de Zierikzee, con sus pintorescas callejuelas, casas a dos aguas y tres grandes puertas del siglo XIV, ha sido declarada patrimonio nacional. Destaca la imponente Zuidhavenpoort, con sus cuatro pequeñas torres puntiagudas y su carillón. El ayuntamiento y su salón de bodas de estilo Luis XV también merecen una visita. En el antiguo puerto atracan en verano veleros históricos. La localidad tiene más de 11 000 habitantes. Antaño fue una de las ciudades más poderosas de la provincia. Fue independiente hasta 1997, y ahora forma parte del municipio de Schouwen-Duiveland junto con otras localidades.

■ BRABANTE SEPTENTRIONAL ■

El Brabante Septentrional es una provincia que te conquistará: ciudades históricas como Breda y Den Bosch esperan a ser descubiertas. Si te atrae el lado innovador y futurista, dirígete a Eindhoven, la capital tecnológica del país, de renombre internacional.

BREDA

En el siglo XII, Breda era una de las principales plazas fuertes del país. Hoy es una encantadora ciudad del sur de los Países Bajos, situada en la confluencia de los ríos Mark y Aa. El nombre de Breda es una contracción de *Brede* («ancho» en neerlandés) y *Aa*. Su posición estratégica en la confluencia de los dos ríos

siempre ha atraído la codicia, por lo que la ciudad ha sido repetidamente asediada, ocupada y a veces incluso destruida. Así fue en 1568, cuando fue ocupada por los españoles por primera vez. La reconquista de 1625 fue recogida por Velázquez en el famoso cuadro *La rendición de Breda,* que se expone en el Museo del Prado. Es una ciudad de guarnición (varios cuarteles y una academia militar la convierten en un lugar importante para el ejército neerlandés), dinámica y comercial, con unos 181 000 habitantes, con agradables cafés y numerosas tiendas. La mejor forma de desplazarse para conocerla es en bicicleta o a pie.

■ BEGIJNHOF (BEGUINAJE)

Catharinastraat, 45

℗ +31 765 21 12 76

www.begijnhofbreda.nl

El Begijnhof, o beguinaje, se halla al sur de la ciudad y es un lugar que no hay que perderse porque ha hecho famosa a Breda, y con razón. Este complejo de veintinueve casas data de 1535 y consta en realidad de dos partes, dos *hofjes* (pequeños patios) con una capilla separados por un jardín de plantas aromáticas. A la entrada se encuentra una iglesia valona del siglo XV. Es un lugar magnífico para pasear en silencio y descubrir muchos detalles históricos interesantes. El museo está en el número 45.

■ BEGIJNHOF MUSEUM

Catharinastraat, 45

℗ +31 76 52 11 276

www.begijnhofbreda.nl

En el siglo XIII, los señores de Breda ofrecieron a las monjas un terreno en el antiguo Valkenberg. Las beguinas eran originariamente un grupo de mujeres piadosas que hacían voto de celibato, obediencia y devoción a Dios, y que practicaban un retiro del mundo para vivir prácticamente en la autarquía. El nombre de «beguina» proviene de sus ropas de color beis. En 1836 se les permitió construir una iglesia en estas tierras. El museo da una idea de las condiciones de vida tan espartanas de las monjas, y muestra una casa tradicional.

■ GROTE MARKT

La Grote Markt es la plaza principal de Breda. Es un lugar animado y concurrido que permite una vista sublime de la Grote Kerk. En ella se halla el ayuntamiento (*Stadhuis*), que data del siglo XVII,

aunque su fachada actual es de 1768. El edificio alberga una copia de *La rendición de Breda*, de Velázquez. En la iglesia se encuentra la tumba de Engelbert II de Nassau. En esta plaza se celebran los festivales en verano, sobre todo de jazz. También es el centro de la vida nocturna, con cafés y restaurantes. Y, por supuesto, ¡acoge el carnaval!

■ SPANJAARDSGAT (CASTILLO DE BREDA)

Kasteel van Breda

Kasteelplein, 10

www.explorebreda.com

Spanjaardsgat es un vestigio histórico de las antiguas fortificaciones de Breda, situado al norte de la ciudad. Consta de dos torres de siete lados que flanquean una puerta. El nombre de «Spanjaardsgat» significa literalmente «brecha de los españoles», en referencia a un acontecimiento significativo de la historia local.

▶ A principios del siglo XVI, cuando Breda prosperaba y despertaba interés, Guillermo III ordenó la fortificación de las murallas de la ciudad, incluida la construcción de la Spanjaardsgat para mejorar el drenaje del agua del foso del castillo. Una famosa anécdota está relacionada con este lugar: en 1590, mientras las tropas españolas celebraban el Martes de Carnaval, soldados neerlandeses escondidos bajo la turba en una barca entraron discretamente en la fortaleza. Aprovechando la embriaguez y la falta de atención de los españoles, consiguieron recuperar el control de la ciudad. Esta treta recuerda la historia del caballo de Troya.

▶ Detrás de Spanjaardsgat se encuentra el castillo de Breda, sede de la Real

Academia Militar de los Países Bajos desde 1828. Aunque sus cimientos se remontan al siglo XVI, el aspecto actual del castillo data de finales del siglo XVII. El edificio se caracteriza por un gran número de ventanas y tiene un piso añadido posteriormente por la academia militar, identificable por el color más oscuro de los ladrillos. Construido por Guillermo III de Nassau, el castillo estaba rodeado de murallas y flanqueado por cuatro grandes torres defensivas.

■ STEDELIJK MUSEUM BREDA
Boschstraat, 22
✆ +31 76 529 9900
www.stedelijkmuseumbreda.nl
El Stedelijk Museum, museo municipal de Breda, reúne las colecciones del Museo de Breda y del MOTI (Museo de la Imagen). Abrió sus puertas hace varios años en un hermoso edificio histórico, la Oudemannenhuis. La historia de este museo se remonta

a 1903, cuando se fundó el primer museo municipal. Presenta una amplia colección organizada temática o históricamente, y centrada en la historia de la ciudad. También incluye obras y objetos del Museo de la Imagen, por lo que se expone arte moderno y contemporáneo.

TILBURGO ⭐

Esta ciudad industrial de 224 000 habitantes es el centro de la producción textil de los Países Bajos. Próxima a Bélgica, sus orígenes se remontan al año 709. Es el séptimo municipio más grande del país. Aquí se habla un dialecto propio, el *tilbörg*. La ciudad está formada por varios distritos y municipios circundantes. Tilburgo cuenta con varios parques, los tres principales diseñados por Leonard Springer, ilustre arquitecto paisajista fallecido en 1940. Los interesados en la historia del textil pueden visitar el museo dedicado a esta industria.

VISITA

© WOLF-PHOTOGRAPHY – SHUTTERSTOCK.COM

Tilburgo.

DEN BOSCH ('S-HERTOGENBOSCH)

Den Bosch (o 's-Hertogenbosch) bien merece una visita. La ciudad debe su nombre y su fundación al duque Enrique I de Brabante. Está emplazada en la confluencia de los ríos Aa y Dommel. Ciudad fortificada, sus vestigios medievales, bien conservados, son testimonio de su rico pasado, en particular las murallas y bastiones de los siglos XVI y XVII.

Hoy capital de la provincia de Brabante Septentrional, Den Bosch es una ciudad mediana con casi 151 000 habitantes. Su casco antiguo, con sus bellas y coloridas casas a dos aguas, sus canales, sus tiendas bien surtidas, sus pequeños restaurantes con encanto y sus acogedores bistrós, atrae a los visitantes. La ciudad también alberga varias industrias, lo que la convierte en un importante centro para el comercio de la región. Para los amantes del arte, su principal atractivo es la majestuosa catedral de San Juan, una de las iglesias góticas más bellas del país. Den Bosch es también la cuna del famoso pintor Jheronimus van Aken, El Bosco (1450-1516), que nació y murió aquí. Aunque, lamentablemente, la ciudad no cuenta con obras originales del artista, lo celebra hábilmente por toda la ciudad después de la suntuosa exposición «El Bosco, visiones del genio» (en 2016), con recorridos temáticos, carteles explicativos y numerosos eventos recurrentes. Por suerte, podemos contemplar parte de su obra en el Museo del Prado, que expone diecisiete de sus cuadros.

■ NOORDBRABANTS MUSEUM

Verwersstraat, 41
℄ +31 73 6877 877
www.hetnoordbrabantsmuseum.nl

Este museo de arte, cultura e historia está instalado en un antiguo claustro de estilo Luis XIV que fue residencia del gobernador de la provincia. Tras varias restauraciones y ampliaciones, en la actualidad presenta una arquitectura armoniosa que combina hábilmente lo antiguo y lo moderno. Sus fondos abarcan desde la prehistoria hasta nuestros días, con más de treinta mil objetos, pinturas, bocetos, monedas, etc. Uno de los aspectos más interesantes de este museo es la forma en que pone de relieve los vínculos entre Van Gogh y la región de Brabante.

EINDHOVEN

Ciudad industrial en plena transformación, a principios del siglo XX Eindhoven era solo un pequeño pueblo, y ahora es la quinta mayor ciudad de los Países Bajos, con 229 637 habitantes (440 000 incluyendo el área metropolitana). Aunque Den Bosch es la capital de la provincia de Brabante Septentrional, Eindhoven es la ciudad más grande.

No es la población con más encanto del país, pero está experimentando una gran transformación y se ha consolidado como capital de la tecnología y el diseño *made in NL*. Su universidad técnica goza de gran reputación en todo el país, y la ciudad es dinámica y estudiantil, con barrios que cambian rápidamente.

También cuenta con uno de los mejores museos del país, el Van Abbemuseum, aunque está un poco aletargado. Eindhoven atraerá igualmente a los amantes de la arquitectura y el diseño modernos. En un momento en el que ciudades como Ámsterdam, Delft y Leiden se desmoronan bajo el peso del turismo de masas que busca una visión «clásica» de los Países Bajos, ¡Eindhoven sorprende, asombra y fascina! La urbe es la encarnación de los nuevos neerlandeses. La ciudad parece estar en perpetuo movimiento y desprende una energía única que da gusto sentir. Es más, la calidad de los hoteles aquí es notable, y los precios son mucho más atractivos que en Ámsterdam… En Eindhoven se puede comer en realidad virtual, descubrir la acuaponía, practicar deportes de manera virtual y viajar en el tiempo.

■ **BERENKUIL** ⭐

Se trata de un emplazamiento urbano único, muy en sintonía con la identidad y la energía de Eindhoven. Es una rotonda para bicicletas que a primera vista no tiene nada de especial, pero que, sin embargo, permite que se exprese la creatividad de muchos grafiteros y artistas urbanos de la ciudad y de los alrededores. El ambiente es único y los colores son increíbles. En el pasado, el lugar acogió un festival mundial de grafitis. Podría describirse como una especie de museo al aire libre de arte urbano. Deberías bajarte de la bicicleta para admirar las obras.

■ **DOMUSDELA** ⭐

Kanaalstraat, 4
☏ +31 40 760 1755
https://domusdela.nl

Domusdela es un antiguo complejo religioso ocupado por los agustinos hasta 2013. En la actualidad es un espacio polivalente que alberga el hotel Mariënhage (con zona de *wellness*), la Brasserie Rita y el restaurante Goyvaerts. También dispone de salas de reuniones decoradas con azulejos históricos. Dos espacios, De Paterskerk y De Kapel, se utilizan regularmente para recepciones privadas, conciertos, conferencias y fiestas. Por último, los jardines, con el cementerio donde descansan los monjes, también merecen una visita.

VISITA

© RALF LIEBHOLD - SHUTTERSTOCK.COM

Domusdela.

■ **ENVERSED**
Torenallee, 100-102 (7ª planta)
✆ +31 40 737 05 98
www.enversed.com
Enversed es el mayor centro de Europa dedicado a la realidad virtual. Ven a descubrir en grupo el mundo de la realidad aumentada. ¡Una experiencia que pondrá en alerta todos tus sentidos! El centro cuenta con nueve salas de realidad virtual equipadas con la última tecnología. Las salas se centran en diferentes aspectos, como las competiciones y la interacción. Podrás experimentar el vértigo extremo, participar en una *escape room* y luchar contra zombis… En Enversed, ¡todo parece posible!

■ **GENNEPER HOEVE** ⭐
Tongelreeppad, 1
✆ +31 40 207 04 55
www.genneperhoeve.nl
Esta adorable granja ocupacional está situada en el Genneperparken. Acoge a personas de ámbitos marginales apartados de los canales de empleo. El entorno es encantador y resulta muy agradable pasear y contemplar los diversos animales. En el jardín hay una zona de pícnic donde se puede disfrutar de los productos elaborados en el lugar. Visita la quesería para conocer todas las fases de producción y luego la tienda, donde podrás comprar verduras, productos frescos, miel y huevos. Es un lugar estupendo, a pocos minutos en bicicleta del centro de la ciudad.

■ **KAZERNE** ⭐⭐
Paradijslaan, 2-8
✆ +31 40 207 37 30
www.kazerne.com
Kazerne (un antiguo cuartel de caballería) es un lugar vibrante e histórico (poco frecuente aquí) que resume perfectamente Eindhoven: celebra el diseño y la buena comida en un agradable entorno en la calle Paradis (no nos lo estamos inventando). Es estupendo venir aquí a descubrir los grandes nombres del diseño *made in Holland,* o las estrellas del mañana, mientras te tomas una buena copa de vino. Kazerne es, en muchos sentidos, una necesidad en la capital del diseño. Esta magnífica y versátil institución polivalente es el «bebé» de Annemoon Geurts (ella misma diseñadora) y Koen Rijnbeek.

■ **KLOKGEBOUW**
Klokgebouw, 50
Klokgebouw es un edificio del antiguo polígono industrial Strijp-S, construido en el año 1928 y utilizado por la empresa Philips a partir de 1929. En él se obtenía la filita, o la baquelita, como la rebautizó la empresa. En la década de 1970 se le agregaron plantas de transformación de plásticos y metales. Originalmente, el edificio tenía siete plantas. El reloj y la torre se añadieron en la década de 1930. Auténtico símbolo de la ciudad y de su actual renacimiento, el edificio ha sido recientemente renovado y transformado en un lugar de paseo.

■ **MOTION EXPERIENCE**
Piazza, 64
https://motionexperience.nl/
Este museo inmersivo te sumergirá en un mundo mágico y único de luz y animación. Es un mundo de fantasía que hace las delicias de grandes y pequeños. La idea es volver a la infancia, ¡o al menos que redescubras tu espíritu infantil! El complejo cuenta con 23 áreas/animaciones diferentes, y cada una de ellas merece una parada

fotográfica. No te pierdas las películas de la sala del fondo. ¡Te esperan diez minutos rebosantes de creatividad! Un lugar que está de moda en Instagram, ¡y que seguro que te gustará! La tienda, con sus dulces y accesorios, es una auténtica delicia.

■ MU HYBRID ART HOUSE ⭐
Torenallee, 40
✆ +31 40 296 1663
www.mu.nl
MU Hybrid Art House ocupa un edificio industrial de la zona de Strijp-S, en las antiguas fábricas de Philips. Entre el museo y su plataforma, MU pretende presentar una red de artistas creativos de todo el mundo que están redefiniendo el arte, lo que es y lo que puede ser o será. El programa es siempre vanguardista y no deja indiferente a nadie. Las exposiciones se renuevan aproximadamente cada dos meses, y muestran a artistas que están ampliando los límites del arte en el diseño, la moda y la música. Una experiencia única.

■ NEXT NATURE MUSEUM ⭐⭐
Noord Brabantlaan, 1a
✆ +31 40 250 46 20
nextnature.museum
El emblemático edificio Evoluon, una especie de platillo volante diseñado por los arquitectos Louis Kalff y Leo de Bever, ha tenido diversos usos a lo largo de los años. Icono de la ciudad, desde 2021 alberga Next Nature, un museo que explora la naturaleza del futuro y el impacto de la tecnología en nuestras vidas y en el planeta. Se exhiben dos exposiciones de vanguardia: RetroFuture, sobre nuestra anterior visión del futuro, y Spacefarming, sobre la revolución alimentaria que nos espera. También hay un bar y una *brasserie*.

■ MUSEO PHILIPS ⭐⭐
Emmasingel, 31
✆ +31 40 235 90 30
www.philips.nl/a-w/philips-museum
No se puede dejar Eindhoven sin hacer una visita (o un homenaje) al Museo Philips. Se encuentra en el mismo lugar donde comenzó la historia de la marca (y

VISITA

Next Nature Museum.

© LEA RAE - SHUTTERSTOCK.COM

Museo Philips.

de la ciudad), en la fábrica donde Gerard Philips realizó sus primeras bombillas en 1891. El recorrido narra la historia de una empresa innovadora y socialmente responsable, y cuenta con exposiciones temporales y un juego interactivo (una búsqueda del tesoro de las lámparas) para toda la familia. También encontrarás el guante que brilla en la oscuridad de Michael Jackson, encargado para su última gira, que nunca llegó a celebrarse.

■ PIET HEIN EEK ⭐⭐

Halvemaanstraat, 30
https://pietheineek.nl

Antiguo alumno de la prestigiosa Academia de Diseño de Eindhoven, Piet Hein Eek es una figura destacada del diseño contemporáneo. Ha transformado los antiguos terrenos industriales abandonados por Philips en un complejo multifuncional en Strijp-R, una densa zona residencial mezclada con complejos industriales. El que fuera el taller de cerámica de Philips, donde se creaban piezas para radios y televisores, es ahora un lugar dinámico que combina talleres, una tienda, espacios de fabricación, una galería, salas de reuniones de alquiler, restaurantes y un hotel. ¡Casi nada! La tienda, repartida en varios niveles, ofrece una experiencia única donde los visitantes pueden admirar las obras maestras del diseño neerlandés reciente, así como creaciones de otros horizontes. La primera planta alberga una *brasserie* y una galería donde se puede disfrutar de un café mientras se exploran las obras expuestas. Piet Hein Eek es famoso por sus muebles de madera recuperada, que utiliza como una nueva forma de marquetería. Los visitantes pueden ver a los equipos trabajando, lo que añade una dimensión inmersiva a la visita. La planta baja está repleta de accesorios, objetos de decoración y divertidos artilugios, no solo de sus talleres, sino también de otros varios diseñadores. Este lugar es un auténtico icono de Eindhoven, que ilustra a la perfección el espíritu creativo e innovador de la ciudad. Su visita es obligada para cualquier persona interesada en el diseño y el arte contemporáneos.

■ STRIJP-S ★★★
www.strijp-s.nl

Strijp es un antiguo municipio independiente, antaño una auténtica ciudad prohibida. Forma parte de Eindhoven desde 1920 y ahora es un próspero distrito. Strijp-S, en concreto, es el antiguo emplazamiento de las fábricas de Philips, que ha sido rehabilitado y convertido en un vibrante lugar para la creatividad y el entretenimiento. Aquí encontrarás multitud de restaurantes, cafés y tiendas, así como edificios emblemáticos que dan testimonio del pasado industrial y arquitectónico de la ciudad. Este espacio también alberga algunas de las principales atracciones del distrito, que ilustran su dinámica transformación y su rico patrimonio.

LIMBURGO

Sin duda, nuestra provincia favorita a la hora de disfrutar de la buena vida y el calor de los Países Bajos. Aquí hallarás una ciudad increíble, Maastricht, con sus tesoros culturales e históricos, y toda una provincia volcada en la gente y, ante todo, en Europa.

VENLO ★

Venlo, centro administrativo y cultural de Limburgo Septentrional, sufrió graves daños durante la Segunda Guerra Mundial. La iglesia de San Martín, uno de los pocos vestigios de la época anterior a la guerra, sufrió especialmente, aunque fue cuidadosamente restaurada en 1953. El ayuntamiento, construido en 1596, escapó de la destrucción. La región de Venlo es famosa por sus espárragos, un producto clave del campo. A pocos kilómetros al noroeste, un museo dedicado a esta hortaliza real ofrece un instructivo recorrido por esta tradición agrícola. Situada a orillas del Mosa, Venlo es un destino verde ideal para pasear.

MAASTRICHT ★★★★

Maastricht es, junto con Nimega, la ciudad más antigua de los Países Bajos, y sin duda una de las más bellas: ¡es la joya del sur! Aquí nos encontramos en el corazón mismo de Europa, a nivel histórico por supuesto, ya que fue aquí donde se firmó el famoso Tratado de Maastricht el 7 de febrero de 1992, pero

© JUSTHAVEALOOK – ISTOCKPHOTO.COM

Ayuntamiento de Venlo.

sobre todo geográfica y culturalmente: la ciudad es una acertada mezcla de todos los sabores y ambientes que nos gustan de Europa. Es una ciudad única y rica, antigua y moderna, grande y pequeña, que reúne sus tesoros en un centro sublime. Culturalmente, Maastricht tiene mucho que ofrecer, con magníficas iglesias antiguas, museos muy interesantes, como el Museo Bonnefanten, y la Oficina Europa. Además, es el resultado de una harmoniosa combinación de magníficos edificios históricos y arquitectura contemporánea, espléndida y atrevida. Por eso, te recomendamos que pases algún tiempo en el barrio de la Ceramique y, sobre todo, en la plaza Plein 1992. Maastricht, que cuenta con 123000 habitantes, exhibe sobre todo un cierto arte de vivir y una gastronomía que hunde sus orígenes en Francia. Abundan los restaurantes, abundan las tiendas elegantes y sus habitantes hacen gala de una *clase* poco frecuente en el resto de los Países Bajos.

■ BASÍLICA DE NUESTRA SEÑORA ★★★★

Onze Lieve Vrouweplein, 7
☏ +31 433213255
www.sterre-der-zee.nl

Se trata del edificio más antiguo de la ciudad, construido sobre el emplazamiento de un supuesto asentamiento romano. Ya mencionado en el año 1000, el patio que da a la plaza data de esa época. La parte superior con las torrecillas se añadió más tarde. Admira el nártex y el coro, adornados con bellas esculturas. La nave y el ábside, del siglo XII, son de estilo románico. El interior fue renovado entre 1886 y 1916 por el arquitecto Pierre Cuypers, famoso por el Rijksmuseum de Ámsterdam. Cuypers restauró la torre de Santa Bárbara y la torre norte del coro, invirtiendo las modificaciones realizadas en el siglo XIII. Durante la Segunda Guerra Mundial, la iglesia se libró de los bombardeos, aunque los alemanes robaron la campana en 1943.

© TICHR – SHUTTERSTOCK.COM

Ayuntamiento de Maastricht.

La mística penumbra de esta basílica revela notables obras de arte y frescos medievales. La capilla alberga una estatua de María a la que se atribuyen poderes curativos, y que atrae a muchos peregrinos. El tesoro, accesible por un coste adicional, alberga una increíble colección de plata, oro y otros objetos preciosos. Para apreciar plenamente el esplendor de la basílica, no olvides echar una moneda para iluminar el sublime ábside. El templo fue consagrado por el Papa Pío XI, lo que aumenta su prestigio. La capilla gótica, en particular, deja una impresión duradera en los visitantes. En época de exámenes, no es raro que se acaben las velas, señal de la devoción de los estudiantes.

■ **BASÍLICA DE SAN SERVANDO** ★★★★

Keizer Karelplein, 3
☏ +31 43 321 20 82
www.sintservaas.nl

Esta joya medieval románica cuenta con un crucero y un núcleo central que datan aproximadamente del año 1000. En el interior del templo hay unas criptas de los siglos XI y XII que albergan las tumbas de san Servando, primer obispo de los Países Bajos, y de Carlos de Lorena. El edificio se amplió en los siglos XIV y XV, aumentando su ya impresionante arquitectura. Algunos de los elementos más llamativos son los portales, adornados con esculturas finamente trabajadas. La campana de la torre sur, apodada Grameer, pesa casi siete toneladas.

■ **BONNEFANTENMUSEUM** ★★

Avenida Ceramique, 250
☏ +3143 329 0190
www.bonnefanten.nl

Situado en la orilla derecha del Mosa, el Bonnefantenmuseum cuenta con dos

Basílica de San Servando.

VISITA

grandes colecciones (arte antiguo y arte contemporáneo), además de programar exposiciones temporales. Su nombre, de origen francés, significa «niños buenos», en referencia al antiguo Bonnefantenklooster (convento de los niños buenos), donde se ubicaba el museo. El edificio actual, diseñado por el arquitecto Aldo Rossi, se levanta en el emplazamiento de la antigua fábrica de cerámica Sphinx. Su sobria estructura está realzada por una torre futurista de 29 metros que se ha convertido en un símbolo de Maastricht. La arquitectura del museo es simétrica, con una magnífica escalera de madera clara, paredes de ladrillo rojo y un tejado de cristal que evoca la construcción naval. Toda la estructura recuerda a una versión moderna de Venecia, con sus paredes blancas y pequeñas ventanas.

© CAMILOTORRES - ISTOCKPHOTO.COM

Bonnefantemuseum.

▶ **La colección de arte antiguo** de la primera planta se centra en el arte medieval, en un entorno luminoso y despejado. Aquí se pueden admirar obras de Pieter Aertsen, Pieter Brueghel el Joven, Jacob Jordaens, Peter Paul Rubens y Anton van Dyck. El museo se centra tanto en el arte religioso como en el burgués, con numerosos retratos de personajes notables. Gracias a una estrecha colaboración con el Rijksmuseum de Ámsterdam, el Bonnefantenmuseum expone regularmente obras prestadas por esta prestigiosa institución. En una de las salas del museo podrás ver, tras un cristal, un taller de restauración muy interesante y activo. ¡Qué trabajo tan fascinante el de esta gente! También hay una gran

colección de esculturas medievales de arte mosano, que incluye obras del anónimo Maestro de Elsloo y de Jan van Steffeswert. Merece igualmente la pena ver la colección de Willem Neutelings, con dípticos, estatuas, fragmentos de altares y mucho más.

▶ **La segunda planta** está dedicada a la colección de arte contemporáneo, en la que destacan nuevos artistas y talentos. El museo posee una magnífica colección de carteles de Joseph Beuys y obras especialmente oscuras de René Daniels. También se presentan aquí numerosas exposiciones temporales de jóvenes artistas, en un marco innovador. La cúpula del museo es a menudo el escenario donde se instalan espectaculares obras temporales.

▶ Hay audioguías gratuitas en inglés y neerlandés que pueden obtenerse a través de la aplicación Map My Visit (disponible para iOs y Android). También hay una tienda y una cafetería (Ipanema), con una bonita terraza.

■ **CENTRO CERAMIQUE** ⭐
Avenida Ceramique, 50
☎ +3143 350 56 00
www.centreceramique.nl
Este centro de información incluye la biblioteca, los archivos municipales y un espacio para exposiciones. La sala alberga una exposición permanente de loza de la ciudad, así como diversas exposiciones temporales. También se pueden admirar la magnífica maqueta parisina de Maastricht (1750) y otra maqueta del complejo cerámico (diseñada por Jo Coenen), para hacerse una idea, de un vistazo, de la diversidad arquitectónica de la ciudad. Además, organizan diversos talleres.

■ **IGLESIA DE SAN JUAN (SINT JANSKERK)** ⭐⭐

Vrijthof, 24

www.stjanskerkmaastricht.nl

Es sin duda la iglesia gótica más bella de la ciudad (¡hay siete!). Data del siglo XIII y fue ampliada en el XV, época en la que también se erigió su impresionante torre de setenta metros de altura. Inicialmente fue la iglesia parroquial de San Servando, antes de pasar a ser propiedad de la Iglesia Reformada en 1633. Presenta magníficos frescos, consolas esculpidas que representan a los doce apóstoles y monumentos funerarios.

■ **FOTOMUSEUM AAN HET VRIJTHOF** ⭐

Vrijthof, 47

✆ +31 43 321 13 27

fotomuseumaanhetvrijthof.nl

Este magnífico museo, ubicado en un claustro del siglo XVII, ha experimentado una increíble metamorfosis y ahora ofrece una nueva cara, que combina maravillosamente lo antiguo y lo nuevo gracias a un invernadero diseñado con la ayuda de la NASA, que realza perfectamente los arcos de estilo renacentista del claustro (antigua Casa del Gobierno español). Alberga el Museo de la Fotografía, que es totalmente privado. Dos veces al año se exhibe aquí la obra de algún gran nombre de la fotografía relacionado con la sociedad.

■ **HELPOORT** ⭐⭐

Sint Bernardusstraat, 24b

✆ +316 51 06 68 25

maastrichtvestingstad.nl

La Helpoort (Puerta del Infierno) es un vestigio de las primeras murallas de la ciudad, del siglo XIII. Es el portal de muralla más antiguo de los Países Bajos y sirvió como estructura defensiva hasta principios del siglo XVI, cuando se construyeron las nuevas murallas (Walmuur). Esta magnífica y fotogénica torre fue renovada en 1906 y es la única puerta de la ciudad que se conserva en Maastricht. La visita a la torre está incluida en el recorrido por las murallas (corto y largo), que lleva a los visitantes a través de la historia de las propias murallas, las casamatas y las líneas de defensa.

■ **MARKT** ⭐

La plaza central de Maastricht adquirió su forma actual cuando se inició la construcción del ayuntamiento en 1659. Fue diseñada por Pieter Post, autor también de la Mauritshuis de La Haya. En el pasado, aquí se llevaban a cabo ejecuciones públicas. La última tuvo lugar en 1860 y fue también la última ejecución en todo el país. Muchas de las fachadas datan del siglo XVII, con sus vigas aún visibles. Aquí se celebra un mercado todos los miércoles y sábados, mientras que el viejo ayuntamiento ahora solo se utiliza para ceremonias.

■ **PUENTE DE SAN SERVANDO** ⭐⭐

Sint Servaasbrug

Este puente arqueado es todo un icono de la ciudad. Su construcción se remonta al siglo XIII, entre los años 1280 y 1298. Aunque fue bautizado en honor a san Servando, no recibió oficialmente este nombre hasta 1932. Antes se le conocía simplemente como «el puente». Su primera representación data de 1570, en un plano urbano. Cuando se restauró, entre 1683 y 1716, algunas partes se reconstruyeron completamente utilizando solo piedra antigua. En el pasado, todos los ciudadanos, soldados

VISITA

y miembros del clero debían contribuir a su mantenimiento.

■ SINT-PIETERSBERG (MONTE SAN PEDRO)
Daaleindestraat, 2
Monte San Pedro
Kortessem (parte belga)
℗ +32 11 31 38 98
www.sintpietersberg.org
Situado no lejos de Maastricht, entre los valles del Mosa y del Geer (Jeker), el monte San Pedro es un paraje natural único que culmina a cien metros de altitud. Es famoso por su excepcional biodiversidad, que incluye una gran variedad de flora y fauna, así como unas rutas de senderismo que ofrecen magníficas vistas panorámicas.
Una de las joyas ocultas de la montaña es su vasta red de cuevas artificiales excavadas a lo largo de los siglos para la extracción de marga, una piedra utilizada en la construcción de numerosos edificios (entre ellos, la cúpula de Utrecht). Estas cuevas, que forman un impresionante laberinto con más de 22 000 galerías, se extienden a lo largo de 230 kilómetros y cuentan una historia fascinante, desde las primeras canteras en el siglo XIII hasta el descubrimiento del famoso *mosasaurus*.
Los visitantes pueden explorarlas en recorridos guiados, durante los cuales descubrirán inscripciones que datan de 1630 y una pequeña granja abandonada, y disfrutarán de la experiencia única de caminar en la absoluta oscuridad. Las cuevas del sistema norte llegaron a custodiar valiosas obras de arte, como *La ronda de noche* de Rembrandt, durante la Segunda Guerra Mundial.
Además de las cuevas, el monte San Pedro ofrece un entorno ideal para pasear por sus verdes paisajes y sinuosos senderos. También se organizan actividades educativas para los visitantes más jóvenes. Atención: la temperatura en las cuevas ronda los 10 °C, con un alto grado de humedad, por lo que se recomienda abrigarse bien y llevar calzado adecuado.

■ SPHINXPASSAGE
Boschstraat, 23 B
Este pasaje cubierto de 120 metros de largo está situado en el corazón del antiguo barrio industrial de la ciudad, entre el edificio Eiffel y el cine Pathé. Se trata de un pasaje histórico y edificante que cuenta con unos treinta mil azulejos que ilustran el pasado de la empresa Sphinx. Cuando lo visites, verás retratos de familia y representaciones de la historia del edificio, así como servicios, anuncios antiguos e información histórica. Seguirás la saga familiar del muy controvertido Petrus Regout, que aún no ha sido exonerado.

■ STOKSTRAAT Y MESTREECHTER GEIS
Stokstraat
Esta magnífica calle peatonal exhibe sublimes fachadas adornadas con frontones y letreros. Fíjate bien en los detalles aquí y allá, y verás algunas maravillas. Hoy acoge algunas de las mejores tiendas de diseño y moda de la ciudad. Al final de esta calle se alza la estatua Mestreechter Geis, creada por Mari Andriessen y que representa el espíritu de Maastricht (fuerza, espiritualidad y creatividad). Cierra los ojos y te encontrarás en la Edad Media.

INFO PRÁCTICA

Vondelpark, en Ámsterdam.

INFO PRÁCTICA

Dinero

▶ **Moneda:** utilizan el euro desde 2002.

▶ **Coste de la vida:** el coste de la vida es más elevado que en España, y los hoteles suelen ser más caros. Las bebidas (con o sin alcohol) suelen ser bastante baratas.

▶ **Medios de pago:** puesto que Países Bajos forma parte de la zona euro, se pueden hacer reintegros y pagos con tarjeta bancaria (Visa, MasterCard, etc.), igual que en España. No es necesario llevar grandes cantidades de dinero en efectivo. Todos los pagos con tarjeta son gratuitos y los reintegros están sujetos a las mismas comisiones que en España.

Equipaje

Países Bajos tienen un clima atlántico, lluvioso y con frecuencia ventoso, por lo que se pueden planificar las vacaciones de forma parecida a como se haría en el norte de España.

Electricidad

Las normas sobre electricidad, pesos y medidas son idénticas a las españolas. Los enchufes y el voltaje también son similares.

Formalidades

Los residentes europeos que visiten Países Bajos deben viajar con pasaporte o documento nacional de identidad.

Idiomas

La lengua oficial es el neerlandés. También se utiliza el frisón, pero solo en Frisia.

Cuándo ir

Países Bajos son estupendos para visitar en cualquier estación. En otoño e invierno el tiempo puede ser muy cambiante, pero los fotogénicos paisajes y el ambiente de los cafés son únicos. La primavera y el verano parecen ser las estaciones ideales.

© FRANS BLOK - SHUTTERSTOCK.COM

Puente Luchtsingel, en Róterdam.

QUÉ HACER / QUÉ NO HACER

He aquí algunas recomendaciones de lo que debe y de lo que no debe hacerse para disfrutar de una estancia en Ámsterdam y en Países Bajos en general.

Qué hacer

▶ **Comienza tu estancia con** un paseo en barco por los canales de Ámsterdam.

▶ **No olvides dejar propina** en restaurantes y cafés.

▶ **Aprende tres palabras,** o grupos de palabras, en neerlandés: *dank u wel* (gracias), *alstublieft* (por favor) y *gezellig.*

▶ **Alquila una bicicleta.**

Qué no hacer

▶ **Caminar por los carriles bici,** que a veces no se distinguen de las aceras. Si oyes el timbre de una bici, ¡lárgate!

▶ **Hacer fotos** en el Barrio Rojo, a riesgo de provocar agresiones y que te confisquen la cámara.

▶ **Comprar droga en la calle.**

▶ **Decir que el patinaje de velocidad no es un deporte.** Aquí es una religión.

▶ **Denigrar a la familia real.**

Teléfono

▶ **Para llamar desde Países Bajos a España,** marca el prefijo +34 seguido del número al que quieras llamar, sin el 0.

▶ **Para llamar desde España a Países Bajos,** marca el prefijo 00 31 seguido del indicativo de la ciudad, menos el primer cero (por ejemplo, para Róterdam hay marcar el 00 31 10, seguido del número al que se quiera telefonear).

▶ **Para llamar al interior del país** basta con marcar el número de siete cifras al que se quiera llamar, y al que habrá que añadir el código de la ciudad si la comunicación es interurbana —el 020 para Ámsterdam, el 010 para telefonear a la Róterdam, en la provincia de Holanda Meridional.

Salud

No hay vacunas obligatorias ni enfermedades de las que preocuparse. Solo tienes que asegurarte de que tus vacunas estén al día.

Seguridad

Países Bajos son un destino seguro. No te encontrarás con problemas de seguridad. En la capital, Ámsterdam, debes permanecer atento a los carteristas, y por la noche hay que tener cuidado en determinadas zonas.

ÍNDICE DE CONTENIDOS

Campo de tulipanes.
© HENRI CONODUL – ICONOTEC

EDICIÓN

Coordinación de la colección:
ALHENAMEDIA, Stéphan SZEREMETA, Dominique AUZIAS y Jean-Paul LABOURDETTE

Autores: Baptiste THARREAU, Antoine RICHARD, Hélène DEGRYSE, Julia WESTPHAL, Jean-Paul LABOURDETTE, Dominique AUZIAS y otros

Director editorial: Francisco BARGIELA

Editora: Elena CODINA

Traducción y corrección: Xavier MARTÍNEZ

DISEÑO Y DIAGRAMACIÓN

Maquetación y montaje: María de los Llanos ZOTES, Romain AUDREN, Julie BORDES, Delphine PAGANO

Iconografía y cartografía: Anne DIOT, Julien DOUCET

AUTORES Y CREADORES DE LA COLECCIÓN

Dominique AUZIAS y JEAN-PAUL LABOURDETTE

© Textos: Dominique AUZIAS y Jean-Paul LABOURDETTE

© Mapas: Petit Futé

© Edición en español: Alhena Fábrica de Contenidos y Petit Futé

© Traducción: Alhena Fábrica de Contenidos y Petit Futé

Editado por **Alhenamedia** conjuntamente con **Les Nouvelles Editions de l'Université,** 18, rue des Volontaires, París, Francia.

Publicado originalmente en francés por Les Nouvelles Editions de l'Université bajo el título *Pays-Bas*.

■ **CARNET DE VIAJE PAÍSES BAJOS** ■

ALHENAMEDIA

C/ Rabassa, 54, local 1. 08024 Barcelona

Tel. +34 934 518 437

alhenamedia@alhenamedia.info

www.alhenamedia.info

Cubierta: *Hermoso paisaje con tulipanes y casas en Ámsterdam.* © AndrijTer - iStockphoto.com.

ISBN: 978-84-18086-73-1

Depósito legal: B-5898-2026

Impreso en España por Gráficas Lidergraf

EU Ecolabel
www.ecolabel.eu

EU Ecolabel: PT/053/001

RECOJA Y RECICLE
EL PAPEL USADO